見てはいけない!

ヤバい会社列伝

金田信一郎
Shin-ichiro Kaneda

東洋経済新報社

各章扉イラスト　北沢夕芸

目次◉見てはいけない！　ヤバい会社烈伝

第2章

二極化する社員

057

第3章

デカいほどヤバい

第5章

国家の背徳

第6章

スーパーフリー

序章

会社消滅

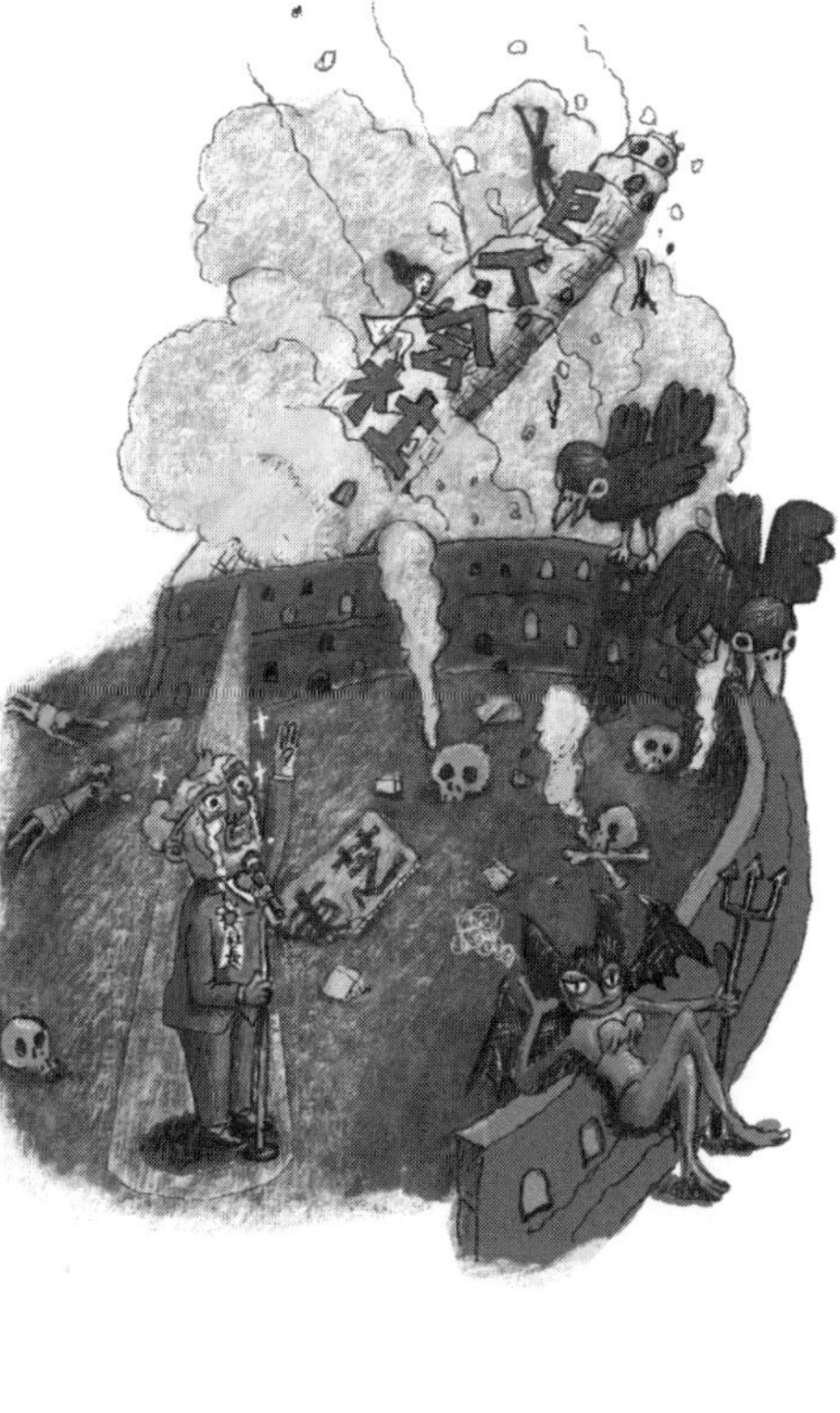

「会社は必要なのか」

そんな疑念がある。

しかも、その思いは、年々、私の心の中で膨らみ続けている。

人は「あまりにも荒唐無稽《こうとうむけい》だ」と思うかもしれない。だが、記者として四半世紀以上にわたって企業取材を続けてきた上での実感なのだから仕方がない。

みなさんの心にも、同じような疑問が湧く瞬間がないだろうか。

「ムダな会議が多すぎる」とか、「ノルマの数字が現実的でない」と思ってませんか。

しかも、とりたてて役割もない上司が、威張り散らしている。

意味もないルールを積み重ねたり、「オレに報告しろ」とすごんでみたり。

また、アイデアや改善策を言ってみても、こう一蹴される。

「黙ってオレの言うようにしてりゃいいんだ！」と。

え、会社って、そんな堅苦しい、融通の利かないものなんだっけ？

違う。違うに決まっている。

少なくとも、社会の進むべき方向と逆行している。

人口減少が続く中で、ＩＴ・ロボット・ＡＩが単純作業をこなす世の中になってきている。若い人を中心に、個人の能力を存分に発揮してもらわなければならない。ロボットができる作業を、社員たちに命令するような職場は、早晩、行き詰まる。

私は日経新聞や日経ビジネス、東洋経済、ニューズウィークといった主要雑誌に記事を執筆することで、35年間、企業の変遷を追い続けてきた。そのうちの3年半は、ニューヨーク特派員として米国企業の内側も見た。その結論として言えることは、未来的な会社は総じて柔軟でオープンな組織になっているということだ。

だが、日本の多くの企業は、明らかに時代に逆行している。

だから、本書では次のようなメッセージを綴っていくことにする。

まず、シンプルに言うならば、会社とは人と人が一緒に働く場である。であれば、「1＋1≧2」でなければならない。つまり、1人で仕事をするよりも、もう1人と一緒にやった方が、成果が高まる必要がある。でなければ、会社という場が意味を持たない。

ここまでは納得していただけると思う。

ならば、人数が増えていっても、この原則は成り立つはずだ。

で、今の職場が、自分のパフォーマンスを100％以上に引き出してくれているのか。もし、答えが「YES」であれば、あなたの選択は間違っていない。

だが、残念ながら、日本の多くの会社は、そのシンプルな原則が成り立っていない。大企業の多くが、優秀な人材をかき集めながら、その潜在能力を埋もれさせている。

だから、私はそのような会社に、社員の解放を迫りたい。

現場の社員たちが互いに刺激し合い、熱意を持って日々の仕事にのめり込める、そんな企業社会の到来を少しでも早く実現したいと思っている。

個人（特に若い人）が、自分の特徴や能力を存分に発揮していく。組織はそのサポート役として支える。その成果が、顧客や周囲の人々に喜びと感動を与える。

つまり、会社とは、個を光り輝かせる「舞台」であるべきなのだ。

そんな社会を早く実現したい。

「え、それって夢物語でしょ」

そう思う人がいるかもしれない。

いや、私が思い描く世界は、着実に近づいてきている。

だから、そのことを、本書で解説していきたい。

以上の本書の狙いを実現するために、「ヤバい会社」を徹底的に見ていく。そこに、会社を見る上での多くのヒントがちりばめられている（ちなみに、本書でいう「会社」は株式会社だけを指すものではなく、役所や学校、病院などの組織体も含めている。こうした組織は基本、同じ問題を抱えている）。

ご存じのとおり、「ヤバい」には両極端の２つの意味がある。

①危ない。不都合が予想される。

②すごい。心情がひどく揺さぶられる。

つまり、「良いケース」と「悪いケース」が存在する。

で、現代の組織は、この両極に分かれて進んでいる。

「良い組織」は個が優先されて、パフォーマンスが高まり、さらに優秀な人材が集まってくる。

一方、「悪い組織」は個が潰され、無理な目標を強いられ、優秀な人材から去って行く。

で、あなたがどちらに属しているか、すぐにわかるはずだ。

「うちの会社、最近、ヤバくてさ」

そういう振りの話が多い職場は、ほぼ例外なく「悪いケース」である。

ヤバいのである。

ダラダラと無意味な会議が繰り返され、ろくに仕事もしないゴマスリが出世していく。「時短」と「コスト削減」の号令が毎年のように打ち出される。そして商品やサービスの質が徐々に落ちていく……。

当てはまることはないだろうか？　あなたの職場を見たことはないが、おそらく「あるある」だ。

「とんでもないことを言うな。うちの会社は違うぞ」

経営者から、そんな声が聞こえてくる。だが、残念ながら、そう言い張る社長に限って、現場が見えていない。

そもそも現場を鼓舞することができる経営トップが、この30年ですっかり減ってしまった。それは、「ヤバい職場」化と連動している。

根本的な問題に、人口減少による市場の縮小がある。顧客が減り、現場は萎縮しがちな状況だ。そこに日本企業の減点主義がからまって、マネジメント層が「勝負企画」にゴーサインを出せなくなっている。それよりは、部下を叱咤《しった》し、コスト削減で利益を絞り出したほうが手っ取り早い。

ただ最近では「パワハラ」や「ブラック」という批判を受ける危険がある。リスクを避けたいマネジメント層は、より意味がない仕事を積み上げる。会議で予定を埋めて、実際は何もしない。そうした「無策」が自分の保身を考えれば、いちばん安全なのだ。

こうなると、管理職は実績では差がつかず、上に取り入った者ばかりが昇進してしまう。社長ポストは、そうして社内政治を切り抜けた先の終着地点となっている。

だが、困ったことにトップに就いた瞬間、勘違いをして権力を濫用するケースが後を絶たない。しかも、社内に反対する者はいない。周りは、減点を恐れて何もしない管理職ばかりなのだから。

私はこうした企業の姿を、想像で書いているのではない。ジャーナリストを35年もやっているので、主要企業にはほぼ足を踏み入れている。そして1つの結論に至った。

「大企業ほど経営が緩《ゆる》くなり、不祥事を起こしやすい」と。

そんなバカな、と思うかもしれないが、実際の経済ニュースを見ればうなずけるはずだ。トヨタが不正車検をし、日産の会長は逮捕の末に逃亡、東芝は会社を挙げて不正会計に手を染めて解体縮小のスパイラルが止まらず、シャープは台湾企業に身売りする。

こうした大企業のもろさを、私は入社直後から気づかされた。

恐竜化する大企業

新人記者としてアパレル業界の担当となった私は、小さな衣料メーカーの革新的な商品開発を取材していた。すると、先輩からこう突っ込まれた。

「その会社、聞いたことないなあ。売上はいくらあるんだ」

「5億円くらいっすかね」

「アホか。そんなチンケな会社に誌面は割けねえだろ。少なくとも100億企業に行け」

そこで、私は業界トップ企業に向かった。それがレナウンだった。ところが、ヒット商品が見当たらない。本業の衣料品開発をそっちのけにして、資金運用（当時は「財テク」と呼んだ）で利益を稼ごうとしていたからだ。アパレル事業は流行に左右されるため、当たり外れが激しい。失点を恐れる幹部は腰が引け、挑戦しようとしない。

だが、アパレル会社が金融で利益を出し続けられるはずもなく、巨額の赤字に陥る。そのとき、ブランドを創り出す優秀な人材は流出していて、ノウハウまで失っていた。そこで、英国の高級ブランドを買収したが、さっぱり売れず、破綻への坂道を転がり落ちていった。

こうした大企業の衰退を追い続け、記者27年目で、『失敗の研究　巨大組織が崩れるとき』（日本経済新聞出版社、2016年）にまとめた。そこで指摘したのが、大企業の「恐竜化」だった。

大企業は肥満化、迷宮化、官僚化など多くの病を抱えており、その合併症で有機的に動かない巨大組織と化している。時代の変化に対応できず、恐竜のごとく倒れてしまう。

早く対処しなければ、そこに働く優秀な社員たちが、その能力と時間を浪費することになる。旧態依然とした組織の殻を壊す――それが会社の再生につながり、未来的な経済社会に近づく。

そのために、若い人材を中心に、現場の社員が思うように動ける、自由度の高い組織経営に移っていかなければならない。

本書の究極の目標だ。それは社員の解放でもある。

本当のことを言わない

ところが、今のところ、多くの会社はガチガチに固めた組織を堅持しようと必死だ。

ある宴席でのこと。70代の経営者が、若い人々を相手にこんな話を始めた。

「日本社会で成功する、たった1つの法則を知っているか」

講演に呼ばれることが多いこの経営者は、いつも、この1つのことを話すのだという。

「たった1つ？　何ですか」

社長はにやりと笑った。

「それは、本当のことを言わないことだ」

「えっ？」

「心の中で、こうじゃないのかと思うだろ。でも、それを口に出しちゃいかん。そこをぐっとこらえられるかどうかで、ビジネスの世界では成否が決まる」

みな神妙な顔つきで聴いている。経営者は酒をすすりながら続ける。

「それを言っちゃあおしまいよ、ってやつだ。物事を丸く収めることが何より大事なのよ」

周囲の人がうなずいている。え、みんな同意しているのか。

私は戯《おど》けた調子で切り返した。

「そうなんすか。いやあ、私はまったく逆だと思ってました」

「はっ?」

「思っていることを言わないと、後で後悔するかなあって。それに、誰も本心を言わない状態って、危険ですよね」

社長の口元が嘲笑で歪んだ。

「きみ、思ったことを言うヤツが生き残れると思うか? 会社だったら、すぐに飛ばされるだろう」

「うーん。私は30年ほど飛ばされませんでしたけど」

【メガトン級の社員潰し】

まあ、そもそも、自分が「こうやるべき」と思うことが口にできない部署にいる意味があるだろうか?

それは、鎖なき奴隷のようなものではないか。

そんなヤバい部署とは、とっととおさらばした方がいい。

異動した先の部署も同じだったら、会社ごと腐っている可能性が高い。なら、転職した方がいいんじゃね。時間をムダにするだけでなく、いつしか自分まで性格が変わって「抑圧型上司」になり、組織を沈滞させる元凶となる危険がある。

だって、国内だけで法人が260万社もあり、優良企業はいくらでもあるんだから。

まあ、70代経営者が、「本当のことを言うな」と発言をするのも仕方がない面はある。確かに、日本社会ではこれまで、「空気を読む」ことが必要な能力だったのだから。

そんな組織内で出世してきた日本の社長は、社員が「思ったことを言う」なんて、とても許容できないのだろう。だって、自分は言いたいことをこらえて出世してきたわけだから。そうしているうちに「やりたいこと」がわからなくなっていく。この70代経営者のように。

だが、もう限界だ。「本当のことを言わない」という企業社会の暗黙のルールが、今日《こんにち》、巨大な不祥事として問題を露呈しているからだ。

つまり、ここ数年で起きた巨大な企業不祥事は、もとを正せば、すべて「こうやるべきだ」と言えない人々の集団が引き起こしている。

つまり、トヨタも電通もビッグモーターもジャニーズも、現場が「やるべきこと」を考え、実行していれば起こりえなかった事件なのだ。

だが、長年の慣行が、とんでもない企業体質と業界慣行を築いてしまった。

恐怖支配の仕掛け

なぜ電通の優秀な社員たちが、元専務の東京五輪を舞台とした犯罪的スキームに協力したのか?

それは前述した大企業の力学そのものと言える。目くらましになっているのは、広告代理店のクリエイティブなイメージかもしれない。ところが電通という企業の本質をたどると、「泥臭い営業会社」という実像が見えてくる。そして、古い体質を引きずったまま現代に生き延びてしまっている。

1901年に通信社として創業。戦時の産業統制下で広告専業となる。当時の地方新聞は、広告欄はスカスカだったが、そこに電通が大企業の広告をあっせんした。この手法をラジオやテレビにも拡大し、広告枠ブローカーとして発展した。

元専務は、ブローカーの手法を国際スポーツの世界に持ち込み、日本のスポンサー企業を引き合わせて、世界的な大会を開催してきた。

部下は、そんな上司の手足となって、舞台装置を動かす役割を演じてしまう。それに逆らうことは、電通モデルの否定であり、組織の規律を乱す者とされる。

その電通には、「鬼十則」という行動規範がある。そこには「大きな仕事と取り組め、小さな仕事はおのれを小さくする」「取り組んだら放すな、殺されても放すな」といった言葉が並ぶ。新入社員には富士登山が課せられた。

うむ。この体育会的社風で、オリンピックなどの国家予算にまで食らいついて放さなかった。しかし、この「思考停止」の手法が犯罪につながりやすいことは、容易に想像ができる。

ビッグモーターもそうだ。

恐怖支配のインパクトが強かった。経営陣からのノルマや叱責を恐れ、店の前の公道に除草剤を撒くわ、ゴルフボールを入れた靴下を振り回してクルマに傷をつけるわ、その行為は犯罪的だ。2代目のボンボン副社長は、ＳＮＳでパワハラ発言を繰り返し、恐怖政治で社内を支配した。

だが、最も根深い問題は、損保各社が、ビッグモーターの保険料の不正請求を知りながら、黙って払っていたことだ。つまり、ビッグモーターの暴挙を、裏で煽《あお》っていた。これはヤバい。この連携プレーは、第3章でもじっくり解説したい。

巨大企業が「グル」になると、多くの大企業の「恐怖支配」と「社員洗脳」が相乗効果を生んで、メガトン級の犯罪的行為となる。

で、ジャニーズである。英ＢＢＣで報じられて、世界中に前代未聞の性犯罪を知らしめることとなった。

ここにも巨大な共犯者、テレビ局が影に存在していた。いや、テレビ局が主犯格とも言える。

２００4年に最高裁判所でジャニー喜多川氏の性犯罪が認定されている。それを報じなかったテレビ局は、その後もこの問題を隠蔽《いんぺい》してきた。そして、海外のテレビ局に暴露されるまでの期間、被害を拡大させてしまった。

テレビ局には、気骨のある人材もいた。「ジャニー氏の性加害事件を報じるべきだ」「報道番組にジャニタレを使うのはどうなのか」と。だが、上司がジャニーズの不祥事を報じないように、様々な圧力をかけていたという。テレビ局には、ジャニー氏の性加害を口にできない雰囲気が蔓延していた。

まさに、「口にしたら生きていけない」世界である。

そして、全テレビ局が性加害の共犯となり、１０００人近い被害者数にまで拡大させてしまった。今後も増える見込みで、性犯罪としてもギネス級ではないか。

「テレビ局の圧政」の構図は、その後の吉本興業の問題でも背景に鎮座する。この業界体質はおそらく簡単には変わらない。

だから、現場の人は、ヤバいと思ったら口にして行動しなければならない。現場から「過去との決別宣言」が巻き起こり、テレビ局がオリジナル企画路線に舵を切ることを期待してやまない。

働かない時代

そもそも、今の時代において、社員は組織の「締め付け」や「無茶振り《むちゃぶ》り」に従う必要などなくなっている。

そうだ、会社を飛び出しても、優秀な社員は活躍できる社会が到来しているのだ。すでに、ネットとITによって、個人の事業は世界に拡散していく。仲間も集まってくる。

「いやあ、私はそんな独立するほど優秀じゃないし……」などと謙遜する必要はない。

みな、個性的な能力を持っている。あとは、そこに気づいて行動するだけだ。

そもそも、やりたくない仕事を、カネを稼ぐために「労働する」という時代は終わりを告げようとしている。

経済学者のケインズは、「働かなくていい時代」の到来を予言していた。上司に言われて渋々やるような「労働」など、必要ない時代が到来する、と。

1930年に発表された論文「孫の世代の経済的可能性」によると、年2％という緩やかな成長が続けば、100年後に世界の資本設備が7・5倍となり、経済問題が解決してしまう。働かなくていいのだ。

ところが、そこに大きな落とし穴がある。「じゃあ、オレは何をしたらいいのか」と、ノイローゼになる人が出てくると指摘した。したがって、残ったわずかな仕事を分け合って、1日3時間ほど勤務して、問題解決（働きたい病の治癒）を、時間をかけてやるべきだと提言する。

恐ろしいほどの慧眼《けいがん》である。ケインズが予言した100年後は、2030年に当たる。そして今、AIが2045年に人知を超えると言われている。

日本社会の現実はどうか。

ケインズの予言が実現間近であることを物語るように、大企業を中心に、仕事をしない（役割や責任がない）マネジメント層が急増している。

この傾向は止まらない。職場の自動化・外部化はさらに進んでいく。計算や予測はコンピューターがこなし、単純作業は専門業者が正確で効率的に処理してくれる。

現場の仕事も減っている。人口減少社会なのだから当然である。現場の仕事からあぶれたベテランは、「マネジメント層」という無意味な役職を割り振られる。だが、役割も責任もはっきりしない。そこで、ムダな会議を開き、決裁をわざと複雑にして、〝カラ仕事〟を増やしていく。もし、自分が会議や決裁ラインから外されようものなら、血相を変えて怒り出す。

こうした事態は、ケインズも予測していた。

「人はみな長年にわたって、懸命に努力するようしつけられてきたのであり、楽しむようには育てられていない。とくに才能があるわけではない平凡な人間にとって、暇な時間をどう使うのかは恐ろしい問題である」（「孫の世代の経済的可能性」『ケインズ説得論集』日経ビジネス人文庫）

英国人のケインズですらこう予測するのだから、勤勉と言われる日本人が企業内で役割を失えば、ムダな仕事をつくり出してしまうのは致し方ないことかもしれない。

だが、ここで最大の被害者は、マネジメント層が自己防衛のためにつくり出す「ムダな仕事」や「ムダな会議」に付き合わされる、若手を中心とした現場社員である。

「できる社員」は、人生を浪費することを嫌い、静かに職場を離れていくだろう。

では、「できる社員」とは、どういう人材をいうのか。私は、「やりたいことがある人」と言い換えるのが、最も的確な定義になると思っている。

その思いを強くした出来事の1つに、こんなことがあった。

岩手県遠野市に行列ができる地ビールの店があった。オープンして数年しか経っていないが、地元の住民を中心に客足が絶えない。地元産のホップを使ったビールはもとより、近隣の食材を使った食事もメニューに並んでいる。

店を始めたのは30～60代の3人。いずれも遠野の出身者ではない「よそ者」である。3人はかつて大企業で働いていた。

醸造を担当する60代の男性は、NECやパイオニアで活躍した技術者。渉外・会計担当はリクルート出身の30代男性。

そして、経営担当は2012年にファーストリテイリングに入社し、若くしてユニクロの大規模店で店長を経験していた。ユニクロでは、猛烈に忙しい日々を送ったという。だが、東南アジアで大量生産された衣料品を売りさばく毎日に、むなしさを感じていた。

「小さい店でもいいから、自分が手がけた商品を売って、お客さんに喜んでほしい」

そうして3人はやりたいことを求め、遠野での地ビール造りにたどり着いた。

取材に訪れた日、店は満席状態で、食事は数時間で売り切れた。だが、文句を言う客はいない。地元の食材は、その日のうちに使い切ったほうがいい。

彼らの表情に満足感が浮かぶ。大企業の忙しさとは何かが違う。今のほうが過ごす時間が充実している。だから、大企業に戻る気などさらさらない。

副業を解禁せよ

かつては、大企業にいても、充実感が味わえたのだと思う。高度成長期の日本企業では、仕事がそのまま会社の成長につながり、自らの能力アップや生活向上につながっている手応えがあったはずだ。

だが、現代の企業では、仕事が空虚なものになっている。マネジメント層が保身のためにつくり出す仕事や会議が増えていき、承認手続きは煩雑になるばかり。有能な若手が「仕事のための仕事」に時間を浪費され、「代償」として給料が支払われる――そんな構図だ。

では、どうしたらいいのか。

やはり答えは、有能な社員の能力を解放することしかない。

ダメな上司の監視下から解き放って、その能力を遺憾《いかん》なく発揮させる。つまり、組織の壁を低くすればいい。「副業の解禁」も、1つの策だろう。

「会社の中では社員が能力の3分の1くらいしか出していない」

ロート製薬の山田邦雄会長はそう気づいて、8年前に副業を解禁した。外の仕事を取ってくるぐらいの社員が出てくればいい。そうすれば会社も上司も、その社員の潜在能力に気づく。

社内の副業も認めている。例えば管理部門の社員が「営業もやってみたい」と言えば、「週2日ならOK」などと兼務を認める。そもそも、本人が言い出した仕事だから、成果を出す可能性が高い。営業部門の社員も、いきなり他の部門から来た「新入り」に実績で追い抜かれるわけにはいかないから、目の色が変わる。

ちなみに、山田会長いわく「社員が申請してきたのに、「その副業はダメだ」と断ったケースはない」という。また、情報漏洩などの問題も起きていない。

「労働」を強いる時代はすでに終わりを告げようとしている。だが、経済から解放された社会は、より切実な問題に直面する。

ケインズの論文に、こんな挿話が紹介されている。

「ある家政婦は額に汗して働いた。彼女の夢は余暇だった。ラジオを聞いて時間を過ごすことができれば、どんなに素晴らしいだろうか、と。そこには賛美歌と音楽が流れている。だが、死を前にして気づいた。歌えないことに。彼女のような人が時間を手にした時、人生に耐えられるのは、歌に縁がある場合だけだろう。そして、歌える人がいかに少ないことか」

ならば我々が今、やるべきことは明確なのかもしれない。

やりたいことで人生を謳歌《おうか》すべく、準備に取りかかることだ。なにせ、ケインズが予言する2030年は、すぐそこまで来ているのだから。

で、優秀な社員に見放された会社はどうなるのか。

そこに取り残された社長の運命は？

その答えを探すため、これから数々の名だたる「ヤバい会社」をつぶさに見ていく。その先に、我々が向かうべき未来が俯瞰《ふかん》図のように広がる。

第1章

「社長」という虚業

会社の存在感が薄れる中、
これまで偉そうにふんぞり返っていた
社長が、居場所を失っている。
それでも、今日も
社長は高級車に乗り込み、
夜の街に消えていく。

ニッポンの社長

下には下がいる！

底抜け怠惰な人々

ある地方で、町の有力者が集まった飲み会を取材していた時のこと。その様子を撮影していると、60歳くらいの男が近づいてきた。

「いいカメラ、持ってますね」

そう言って、私のカメラをしげしげと見つめる。

「カメラ、詳しいんですか？」

「ええ。まあ、年に数千万円、注ぎ込んでますんでね」

差し出された名刺には、製造業らしき会社名と、社長の肩書が記されている。

「部品の工場をやってましてね。2階はカメラに使ってます」

私の頭に大きなクエスチョンマークが浮かんだ。

「社長、それって部品生産と関係してるんですよね」

「いや、全然。趣味です」

「はあ。それに数千万円って、すごいカメラがあるんでしょうね」

「まあ、カネがかかるのは、機材よりも撮影旅行です。毎年のようにゴビ砂漠に撮影に行ってましてね。現地のドライバーや通訳、助手なんかが必要じゃないですか」

「……で、結構、長く行くんですか？」

「まあ2、3カ月は行くよね」

「会社は順調なんですよね？」

突然、社長は笑い出して、私の肩を叩く。

「今の時代、地方の工場なんて厳しいに決まってるじゃない」

「じゃあ社長、会社にも力、入れましょうよお」

勢い任せに指摘してみる。だが、社長は意に介さない。

「困るなあ。私よりもっとダメな社長、いるんだから」

そう言って、大声で名前を呼んで、同世代の男性を呼び寄せる。

「この社長、まったく会社に行かないの。そうしたら、社員が逃げちゃった」

呼ばれた男も社長のようだ。顔の前で手を振る。

「オレは会社、潰してないぞ。潰したヤツがいるだろう」とさらにほかの社長の名前を挙げる。

社長260万人の実態

かつて昼のテレビ番組で、芸能人が友達を紹介していくコーナーがあった。そのノリで、自分よりも「下」の社長が次々と紹介され、つながっていく。

そして飲み会の席で、仕事の回し合いが始まる。

「社長さ、今度、うちの商品、仕入れてよ」

「しょうがねえな。ただ、その分、うちの保険に入ってよ」

まあ地域経済が回っている現場とも言えるのだが。

考えてみれば、日本には260万もの会社（法人）があり、それだけ社長が存在する。だが、マスコミは上場企業をはじめとする一部の大手社長ばかり取り上げる。おびただしい「普通の社長」の実態は、ほとんど報じられない。

思い出されるのが、海外の歓楽街でよく出くわす、「シャチョーさん、一杯どう？」と声をかけてくる客引きである。

彼らが「シャチョーさん」と呼ぶことには、2つの理由があると思う。

1つは、「シャチョー」が日本の会社で一番エラい肩書だから、そう言っておけば悪い気はしないだろうという営業トークだ。

もう1つの理由は、実際、歓楽街に多くの社長がやってきているからだ。彼らは社長仲間や子飼いの部下、取引先などを引き連れて訪れ、最後に支払いをする（領収書も忘れない）。店の女性接客員は「シャチョー」がカネを払うボスだと認識し、シャチョーを店に引き込もうと道行く日本人に声をかける。だからして、彼女らが「シャチョー」という言葉に抱いているイメージは、「ニッポンの社長」の実態をよく捉えているとも言える。

私が30年以上、社長取材を繰り返した結果の印象は、東南アジアの女性接客員たちが抱いている「シャチョー」とかなり合致する。

彼らは「社長サークル」を形成して、まるで飲み仲間のように付き合っているケースが多い。昼の予定よりも、夜の社長サークル活動の方が忙しい輩《やから》も少なくない。

ここに、日米の経営者の大きな違いがある。

昭和の経営スタイル

米国の経営トップは「つるまない」。米国では、経済団体がニュースにほとんど出てこない。ところが、日本のテレビや新聞のニュースには、経済団体の会長や役員が頻繁に登場する。

圧巻は経団連や経済同友会、日本商工会議所の3団体共催の新年祝賀会だ。日本を代表する大企業のトップがそろう。果たしてこれだけのトップが集まって意味ある時間を過ごせているのだろうか？

これは氷山の一角にすぎない。

地方都市にはこの3団体の「地方版・社長サークル」がある。さらに各地域には法人会やロータリークラブといった経営者が集まる団体も数多く存在する。

青年会議所も全国に700近い地域団体がある。会員の多くは二世社長が占める。若いときから「社長」と呼ばれたり、経営陣に加わったりする人の集まりである。

中には、巨大なキャバクラを経営している社長もいる。当然、社長たちの会合の二次会、三次会は、そこに流れることになる。

こうした社長サークルは、支持する政策も共通している。役員の挨拶では、地元の公共事業、例えば空港や駅の誘致、公共施設建設、宅地開発などの進捗状況が伝えられる。一時はカジノ計画で大いに盛り上がった。公共事業で税金を地元に引っ張りたいわけだ。

昭和の経営スタイルをいまだに引きずっているのだと思う。

だが、時代は着実に変わってきた。社長が舵取りを誤れば、会社は漂流しかねない。おいしい公共事業もめっきり減った。

若手を中心にサークル活動から距離を置く社長が増えている。

16期連続増収を続けるA社長もその1人だ。彼は、ある質問で経営者の能力を一発で見抜くことができるという。

「社長の仕事って、何でしょうか?」と聞くのである。

彼いわく「一番ダメな社長は「資金繰り」と答える」。借金がかさみ、事業や社員のことなど考える余裕がなくなっている。

次にダメな回答は「トップ営業」。社長サークルに通い、仲間内で仕事を回し合うタイプだ。

では、A社長は「社長の仕事」を何だと考えているのか。それは「理念を社内に浸透させること」だという。そうすれば、現場の社員が経営者と同じ判断を瞬時に下すことができる。つまり、自律的に組織が動いていくわけだ。

理念を進化させ、戦略を次々と編み出していく。そのため現場の意見を聞き、一緒に次の一手を考える。だから、A社長が社長サークルに顔を出している暇はない。

「そもそもライバルが答えを教えてくれるわけないでしょ。そんな甘い話、100％ないから」

空疎な経営者（エネオス）

トップ連続セクハラ

内側はこんなんです！

別にこのネタを書きたいわけじゃないけど、避けて通るわけにもいかない。

というわけで、経営トップがセクハラで連続辞任する異常事態が続いていることを解説する。

舞台は石油会社（元売り）最大手、ＥＮＥＯＳ（エネオス）ホールディングス（ＨＤ）。売上高は15兆円で、日本4位を誇る。まさに、日本を代表する巨大企業である。

その社長だった齊藤猛氏は、２０２３年末、懇親会の席で女性に抱きついて解任に追い込まれた。

その前年にはＣＥＯ（最高経営責任者）だった杉森務氏も沖縄のホステスに性的暴行を加えて怪我を負わせ、辞任している。

いや、前代未聞っす。

ジャニーズ事件の性被害問題にも引けを取らない破廉恥な企業事件である。

ヤバい。かなりヤバい。

この事態を、単に経営トップの個人的資質の問題として片付けてはならない。この業界は終末期に近づいている。巨獣の断末魔の叫びにも聞こえる。その業界構造を解き明かしていきたい。

補助金のピンハネ

まず指摘したいのは、この業界はすでに実質2社（エネオスと出光）しか残っておらず、本来なら「寡占」と判断され、独占禁止法の対象になりうる状況だということ。しかも、競争で勝ち残った2社とはいいがたい。

「そんなバカな」と思う人がいるかもしれないが、第5章でも解説するが、石油元売りは、政官の保護により肥満体の2社が、筋肉質の会社を飲み込み、業界再編を進めてきた歴史がある。

で、その2社に政府はガソリン補助金として6兆円を流し込んでいる。ガソリン高から国民を守るなら、本来は直接、消費者に渡すべきカネだ。

しかも総額はまだ雪だるま式に膨れあがっていく。

で、まず結論から書く。

この補助金は、狙ったようにガソリン価格を下げていない。

「ウソだろ」と思う人は、まず、商人の頭の中を想像してほしい。もらったカネを、すべて値下げに注ぎ込む商売人が、一体、どれほどいるだろうか。

すでに会計検査院は、こんな調査結果を発表している。

「支給に相当する額が小売価格に反映されていない可能性がある」

なんと、国の収支を監視する機関が交付額に対して価格抑制効果が小さいと指摘しているのだ。

要はピンハネされている。その構図を支えているのが補助金の算定式だ。

そのカラクリは、政府がガソリンの値下げ目標を設定し、現実との価格差を埋めるように金額を足し込んで計算することにある。

「この方式だと、ガソリン価格が高いほど補助金が多く出ることになる。値上げをすれば「ご褒美《ほうび》」がもらえる。逆に、値下げしたら補助金が減る」（ガソリンスタンド経営に詳しい公認会計士の中澤省一郎氏）

専門家は、補助金制度自体に疑念を抱いているのだ。

「小売事業者が自由に決められる店頭価格が補助金の算定式に入っていることが問題だ」

桃山学院大学の小嶌正稔教授は日経新聞でそうコメントしている。本来、原油価格などコストだけを反映して補助金の額を決めるべきだという。

そりゃそうだ。値上げで補助金額が上がるってことは、消費者からぼったくって、さらに国からカネをたんまりともらう。2度おいしいわけだ。

だから、ガソリン価格を上げたくてしょうがない。補助金の趣旨とは真逆の作用が起こっている。

ここで疑問が湧く。ぼったくった補助金は、石油会社（元売り）とスタンド（小売り）、どっちが懐に入れているのか。

ガソリン価格は、税金を除くと以下の計算になる。

「原油コスト＋精製マージン（石油会社の利益）＋小売りマージン（スタンドの利益）」

ここで勘違いが起きやすい。ガソリン価格を決めるスタンドが総取りしてるんじゃないか、と。

ところが、補助金は石油会社に入っている。

石油会社がスタンドに販売する価格は、「仕切り値」と呼ばれる。

で、仕切り値を決めるのは石油会社側だ。前出の中澤氏は、全国のスタンドからデータを集め、巨大なエクセル表にまとめている。

そして、こう結論づける。

「元売りが、精製マージンをジワジワと上げ続けている」

エクセル表を見ると、原油価格の上昇局面で、石油会社がコスト以上に仕切り値を上げている。だが、原油価格が下がっても連動して下げていない。

この繰り返しによって、2年間で精製マージンを5円ほど上昇させたと分析している。

一方、スタンドは、それぞれの競争状態によって価格戦略が違ってくる。周囲に激安店があれば、低価格で踏ん張るしかない。つまり、補助金の恩恵を確実に受けているのは、石油大手2社なのだ。

6兆円もの補助金がいったん懐に入ってきて、それを中小事業者が多いスタンドに出し渋る……。それで大儲けなのだから、経営への熱意が失《う》せても不思議ではない。

待ち受ける「最後の再編」

そもそも、巨大2社による寡占市場だから、価格コントロールは利きやすい。

さらに、タイミングが悪い（良い？）ことに、最後の対抗馬だったコスモエネルギーHDが、旧村上ファンドの買収攻撃に揺れ、結果的に岩谷産業が株式の2割を持つ形となった。

この状態で健全な競争は期待できない。エネオスと出光は好き放題に価格を動かしながら、補助金までもらって左うちわである。

これじゃ暇になるわな。だから、頻繁に飲み歩き、経営トップまでがセクハラを繰り返す。

こうなってくると、高学歴で優秀な社員が多いことが裏目に出る。部署や派閥で対立し、足の引っ張り合いが激しくなる。吸収合併を繰り返したことで、社内には人事の怨念が溜《た》まっている。

事故が続いていた頃のＪＡＬのような状況だ。

で、どうなるのか？

「石炭産業の末期と似ている」

そう中澤氏は見ている。

戦後、石油の台頭によって、エネルギーの王者だった石炭業界は、補助金漬けの延命策を受けた。そして、最後は沈んでいった。

同じ運命が待ち受ける。おそらく、エネオスは解体されるだろう。石油会社は精製、販売、金属など事業別に分社・解体されて、業界再編が起きる。
インフラだから当面は必要である。だからこそ、「最後の再編」が待っている。
そして専業の会社となって、スリム化した組織で再出発する。
その時、トップの座が官僚の手に落ちていないことを祈る。

社長サークル

セクハラの連続技
自称「紳士同盟」

地方都市から驚愕の投稿が届いた。

40代の女性会社員Aさん。電話で話したが、とにかく頭の回転が速い。愛想がよく、機転も利く。おそらくルックスもいい。これから紹介する内容を読めば、容易に想像がつく。

Aさんのような人材は、どこの会社に行っても即戦力となる。そして、職場の中心的存在になり、同僚から相談を受け、上司からは重要な仕事を任される。

だからだろう。渡り歩いた会社で、多くの事件に遭遇する。そこには必ず、一流企業出身の経営トップがいた。

まずは社長の「夜逃げ」。

それは、オープンしたばかりのネイルサロンで起きた。社長は大手航空会社を引退したエリートで、性格はおおらかで太っ腹。多額の退職金を元手に、地元で開業した店だった。

Aさんは施術と営業を担当し、フル回転で働いていた。

変調の兆しは、ほどなくして現れた。社長が店に顔を出さなくなり、たまに来ると、激しい二日酔いの状態だった。

ある日、出社すると、社長の机からパソコンが消えている。慌てて社長に連絡を取ろうとするが、携帯もメールも通じない。

社長不在で、業務が回らなくなる。仕方なく、同僚たちと事業継続のために資料を探し始める。社長は整理整頓すらできなかったようで、机の周りはゴミ屋敷のようになっていた。そこを整理していると通帳が出てきた。

ペラペラとめくると、毎週のように100万円がおろされている。周囲に食事をおごって、交遊費を湯水のごとく使っていたのだ。

知り合いの投資ファンドに多額のカネをつぎ込んで、これもほとんど返ってくることはなかった。

億に近かったはずの退職金は、すっからかんになっていた。

当然ながら会社は破綻、社長はカネを失った現実を直視できず、酒に溺れ、自宅の奥に引きこもったままとなってしまった。

だが、彼女はたくましかった。

清算業務を済ませると、大手の外資系保険会社に転じる。そこで資産運用の知識を身に付ける。そして、知人の紹介で、東京に本社を置く生保代理店に転職、いきなり地元の支店長を任される。

地方都市のホテル宴会場を使って資産運用セミナーを開催する。

「私は町医者のような存在」。そう言うAさんは、地元の人たちに親身になって提案する。そのため、導入率（セミナー参加者が個別相談につながった率）9割という驚異的な数字を達成したこともある。

Aさんが支店長として開くセミナーは、地元の保険代理店も誘って、共催という形をとった。

社員はキャバ嬢

東京本社から社長がやってきて、地元の代理店社長を誘って食事をする。そのうち、4人の社長がつるむようになった。それぞれの会社のスタッフも引き連れて飲み歩く。

Aさんの会社の社長は、かつて霞が関の官僚で、大手金融機関にも勤務した。大柄で人当たりがよく、朴訥《ぼくとつ》とした雰囲気だった。しかし、次第にほかの社長たちの影響を受けるようになっていった。

そしてこう口にするようになった。

「自称紳士同盟」

なるほど。怪しい響きである。

ニュースなどで、犯人について「自称IT経営者」などと報じられることがある。辞書によれば、「自称」とは、「実態はどうであれ、自らこうだと称すること」。

うむ。つまり、実態は「紳士同盟」かどうか、まったくわからないのである。

社長サークル結成からAさんの会社は俄《にわか》に雲行きが怪しくなる。

直後、東京本社に、社長がキャバクラでスカウトした女性社員が入社する。徒歩数分のマンションもあてがわれた。

当初Aさんは気にかけなかった。

「キャバ嬢ってコミュ力あるし、いいんじゃないの」

ところが、彼女が出社しなくなっていく。社長に問いただしても、曖昧な答えしか返ってこない。

「彼女、セミナー講師、やれるんですか？」

「のちのちね」

「出社してないって聞いてますけど」

「体調不良だよ」

「もう3カ月経ちますけどね」

社長はマンションのカギを彼女に取られ、持っていないようだ。いいように手玉にとられている。

ある日、決算のため東京本社から社員がやってきた。コピー機が紙詰まりを起こす。手伝っていると、ある書類が目に入った。

「え、彼女の給料、私の2倍じゃない！」

出勤しない新入社員が、8年目の私より高給って……。

グルの構図

この頃、社長のカネ遣いはすっかり荒くなっていた。かつては地味なスーツ姿だったが、ブランド物で身を固めるようになった。

それは、紳士同盟の伊達男、B社長の影響だった。年齢は50歳を超えているが、ヴィトンのスーツを着て、リモワのスーツケースを転がしている。

その影響で、Aさんの社長も、ハワイからコーチのバッグを大量に買って帰ってくることがあった。

それだけならまだいい。大阪の北新地にキャバクラを開店する。そこで紳士同盟の会が開かれる。

ある日、B社長の会社の女性スタッフに会う。高級そうな服を着ている。

「いい服ね」

女性スタッフが顔をしかめる。

「じつはさ……」

スタッフはB社長にクルマに乗せられ、ブティックに連れて行かれた。そこで、「10万円分、服を買っていいぞ」と言われたという。

「よかったじゃん」

「それが、給料から天引きされてたのよ」

「えっ」

「どうやら、ブティックの店長とグルだったみたい」

はー。

それから間もなく、AさんもB社長の被害を受ける。そこは詳しく書くことは避ける。いわゆる「押し倒された」というやつだ。もちろん抵抗して、逃げ切ったのだが。

その夜、Aさんの社長から電話が入る。

「あのさあ、B社長が怒ってるんだけど、なんかあった?」

すでに話は行っている。

Aさんが事の次第を話す。電話の向こうで社長が笑っている。

「いいじゃないか。それより、彼のフロアが空いてるみたいだから、そこを間借りしちゃえば」

社員を守る気はないんだ……。その瞬間、退社を決意した。

なるほど。これで実態がはっきりした。彼らは同盟を組んでいるが、紳士ではない……って最悪じゃんか!

社長たちによる、会社をも超えたセクハラとパワハラの連続技だ。

社長サークル、ヤバすぎるな。

ニセ稲盛経営

アメーバって単細胞ってこと？

経営トップの問題を追い続けていると、実際に働いている現場の人たちから、いろいろと情報をいただく。

「うちのトンデモ社長って、こんなんですけど」っていうやつだ。

これが、非常に示唆に富んでいる。

現代の会社のトンデモな状況を冷静に見つめている社員がいかに多いことか。

だが、残念なことに、組織ピラミッドの上に行くほど、痛い行動をしているという自覚が薄くなっていく。でもって、トップはとなると、これが非常に問題が多いケースが多い。

思うに、権力を持った（と勘違いしている）経営者や上司ほど、「裸の王様」状態になっているのではないだろうか。だから、傍《はた》から見ていると滑稽にすら思える。

さて、今回はそんな投稿を紹介したい。

インテリを罵倒し洗脳

Aさんは50代の会社員で、学歴はピカピカである。彼からのメールはこんな一文で始まっていた（メール文面は本人が特定されないように微修正しているが、できる限り原文のまま引用する）。

「盛和塾にはまった創業者が経営する変な上場会社です。無茶苦茶な社内ルールがたくさんあります」

盛和塾は、京セラを創業して世界的な企業に成長させた故・稲盛和夫氏が、若手社長に経営哲学を教える勉強会をいう。１９８０年代に始まったその組織は、国内だけでなく世界に広がり、２０１９年末に閉塾するまで２万６０００人もの経営者が「塾生」として学んだ。

A氏の会社の創業者はおよそ30年前、30代の頃に入塾したという。

「創業者は「利他」という経営理念を掲げています。毎朝、フィロソフィと称する冊子の読み合わせがあります。社員を洗脳して統率するためです」

「利他」とは稲盛経営を代表する言葉の１つとして有名だ。「自分のため」でなく、「人によかれ」と経営すれば、周りの人が協力してくれる、という考え方である。盛和塾の塾生は、多くが自社の経営理念に「利他」を掲げている。

ところが、この会社では「利他」という言葉を、稲盛氏が説いたとおりには使っていない。A氏が社内で「利他」という時、顧客や取引先を指すことはなく、「株主様のため」という言葉ばかりが繰り返されるという。

「株式の50％近くを創業者が握っているので、結局は自分の利益という構図となる」

そして、厳しい社内ルールが制定されていった。ワイシャツは白、スーツは黒、紺、グレーに限る。創業者を囲んだゴルフ会が頻繁に開かれ、帰ったらすぐにお礼のメールを出さなければならない。

「このメールが遅れると嫌味を言われる。文章の長さも人事評価につながる」

極め付けは、「誉休暇《ほまれ》」だ。

「営業成績がトップになると、有休を使う権利が与えられる。机の上に「誉休暇」という厚紙で作った三角錐が置かれる」

え、有休を使う権利？　有給休暇って、社員が使う権利を持っているのではないのか。

「うちでは、基本的に病気などの理由以外で有休を申請することは禁止されています」

社員は黙って従っているのだろうか。じつは、この会社は上場企業ということもあって、優秀な人材が中途採用も含めて入ってくる。だが、優秀な人ほど定着しない。理不尽なルールに反発するからだ。

「インテリは使い物にならない」

創業者はそう言って、高学歴な社員に厳しく当たり、小さなミスでも罵声を浴びせる。東大卒の中途採用社員を使い倒して、「気持ちいい」とご満悦だったという。結局、その社員はすぐに去っていくことになったのだが……。

経営陣に一流大学卒の人材も残っているが、「そういう人はすっかり洗脳されて、別人のように変わってしまった」という。

【トップ総取り】

そして、稲盛経営が都合よく使われている。

京セラの有名な「アメーバ経営」は、小さな組織での独立採算を特徴としている。経営指標としては、「時間当たり採算」が用いられる。次のような計算式が使われる。

（売上－経費）／総労働時間
つまり、総労働時間を低く抑えれば、「時間当たり採算」がアップするわけだ。そのため、サービス残業を黙認する。もし、社員が残業を申請しようものなら、「恐怖のトップ面談」が待ち受ける。

「創業者と1対1の面談に呼び出される。大声で社員を罵倒するのが日常茶飯事で、フィロソフィというよりも、恐怖での統率です」

稲盛経営は、創業者の都合のよいものに次々と変えられていく。

「仲間のために」

稲盛経営のこの言葉を引用し、他部署の仕事も手伝うように強要する。これについて、稲盛氏自身はこう解説している。

「かつて、真冬のアメリカで起きた飛行機事故で、一人の男性が自らが助かるというその瞬間に、そばで力尽きそうな女性を先に助けさせ、自分は水の中に消えてしまうという出来事がありました。人間の本性とはそれほど美しいものなのです」(「稲盛和夫オフィシャルサイト」より)

ところが、A氏の会社では、他部署の仕事をするとフィー(手数料)を要求する。社内で売上高を奪い合う意識が強く、他部署からの援助は危険視される。

「だから、他部署のコピー機を使うと、冷たい目で見られる」

おいおい、それじゃ、稲盛氏が言っている「人間の本性とはそれほど美しいもの」っていうのと、真逆じゃね?

だからだろうか。創業者は「社外の人と交流しないように」と厳命している。社内だけで交流し、社内結婚をも奨励する。

「おそらく、社外の人と交流して、洗脳が解かれてしまうことを心配しているのでしょう」

ここまで来ると、閉鎖的なカルト集団に近い。ちなみに会社の業績は、コロナ禍での急落からの回復途上で、決して順調とは言えない状況だ。それでも株主への配当だけは着実に増やしている。

はー。これで、稲盛経営ですか。

もし御大がご存命なら、名誉毀損で訴えられかねない……。

いや、まてよ。創業者は「トップ総取り」が稲盛イズムの神髄だと思い込んでいるんじゃないだろうな。

うむ。この一貫した行動からは、そう見るのが道理だ。ならば、創業者には得度《とくど》するくらいの覚悟での修行と勉強が必要だ。「インテリ」を一方的に礼賛するつもりはないが、やっぱ、言葉の本質がわかるように、少しは学習しようよ。

郵便局のトップ

郵便局長っすか？
今日も休暇です

「日本に〝影の総理〟がいるって知ってた？」

いきなり、先輩記者が言った。

「全特会長っていってさ」

ゼントク？　何だ、そりゃ？

「町の郵便局ってあるじゃん」

はいはい、切手売ってるやつね。

「そう。ああいう郵便局の局長が集まってる組織だよ。その親玉って、すげー権力があるんだよ」

うーむ、あんなの、零細商店にしか見えんが……。

「なんせ、1000億円も裏金があってさ。裏で政治を動かしてんだよ」

マジか。私は動揺した。

「しかも国家公務員だから、いい給料で一生楽に暮らせる」

ああ、そういうことなのか。私は、心の中で妙に納得していた。

それは幼い頃の記憶である。

まだ小学生だった私は、祖父からこう言い聞かせられていた。

「信ちゃん、そんなに勉強が嫌いなら、郵便局長になりなさい」

は？

「おじいちゃんが郵便局を建ててあげるから、局長をやればいい」

何言ってんだ？　ちなみに、祖父は煎餅屋である。郵政の人間ではない。だが、土地は持っていたため、道路沿いに公衆電話を設置していた。当時の電電公社を通じて郵政省（現総務省）と付き合いがあったことは確かだ。つまり、利権を握っていたのだろう。

高校2年の頃の私は、深夜まで本を読みふけり、昼に起きる生活だった。当然、授業には出られない。家族内では、「ありゃ会社勤めは無理だな」ということになった。

祖父が私の前に立って、きっぱり言った。

「信ちゃん、やっぱ、郵便局長になるしかないよ」

は？　どういう理屈だ、それ。

「そのままでいいんだ。昼まで寝てても、本を読み続けても」

え、はがきを配るんじゃないの？

「そんな必要はないよ。局長なんだから」

はー、意味わからん。

だが、先輩の言葉で目が覚めた。長年の疑問を解く鍵がここにある。

姿をくらますトップ

私は全特会長なる人物を追った。

ところが、である。六本木にある全特ビルに行っても、「こっちには来ませんね。局に行ってください」と追い返されてしまう。

そこで、会長の郵便局に行く。東京郊外の小さな商店街にあった。局長代理が対応に出てくる。

「局長は休暇です」

え、いつ出勤するんですか？

「わかりません。その日の朝に決まるので」

私はその足で会長の自宅に向かった。歩くこと20分ほど、自宅は広大で、敷地内に農園がある。そこで農作業をする高齢の男がいた。

あの、会長、ちょっとお話を聞きたいんですが――。

驚いた男はこう切り返してきた。

「いや、私は違いますよ。親戚の者です」

え、そんなはずないでしょ。

後日、この農作業をする男を撮影し、写真を近所に見せて回った。隣の商店主はうなずいて答えた。

「はい、これ局長さんですよ。間違いないです。よく野菜をもらいます」

だろ、やっぱ。つまり、郵便局のドンになっても、仕事をしないっつうことか！

それから、私は郵政民営化論を書きまくった。この国営組織には、仕事をしないトップが積み重なっている。ヤバすぎるだろ、と。

その間に、多くの郵便局長と激論を交わした。民営化をめぐって対立したが、夜の酒盛りでは、互いに通じるところも見えてくる。

甘い汁を吸っている局長がいる一方で、地域を支える人々もいた。

瀬戸内海の島の郵便局に行った時のこと。高齢者だらけで、農協も撤退していた。だから、郵便局長は火事が起きれば消火に飛び出し、病人が出ればフェリーに乗せて本島の病院に連れて行く。

「まあ、ボランティアですよ。若者は私しかいないんで」

そう言って島内をクルマで走っていると、道の真ん中に自転車が止まっている。

あ、脇にどけてきましょうか？

「いや、いいのいいの。どうせ、ばあさんが、この家に寄ってるだけだから。すぐ、出てきますよ」

うーむ、待っている数分がじれったい。

「え、クラクション？　鳴らしませんよ。楽しくおしゃべりしているんだから」

こりゃ、島のライフラインだな。こういう郵便局こそ評価されるべきでしょ。だって地元への貢献度は計り知れないんだから、税金投入しても誰も文句を言わない。

世襲の末路

だが、民営化後の郵政グループは、国営と民営の悪いところだけを合体させた感じである。

「そもそも今の郵便局長って、地元のイベントに出ないっすから」

30代の郵便局員はそう言う。

「局舎は持ってるみたいですけど、その局舎料が高すぎるって支社から文句言われてます」

なに。カネだけふんだくって、地元貢献はどうなってんのよ。

「そこは悪化してますね。今の局長、地元に住んでないし」

はー。

「僕は地域を回りたいんですけど、外に出るなって言うんですよ」

なんで?

「中が回らなくなるから」

局長も忙しくなっちゃうもんね。

「いや、局長は窓口には出ません。どんなに行列ができても」

え、何やってるの?

「さー」

何もやらないわけないでしょ。

「だってノルマが来ても、局員の頭数で割るんですよ。そこに局長、入ってないですから」

陣頭指揮か？

「むりむり。だってＮＩＳＡ（ニーサ）について聞いたら、やってねーし知らねーよって。そんなの入ったら、カネが減っちゃうだろって」

……で、局にはいるの。

「いますね」

何しているの？

「まあ、机の周りには本が積み上がってますね」

うーむ。自分が郵便局長になった姿がダブって見える。

まあ、局長も大変なんだよ。オヤジから引き継いじゃってさあ。

「まあ、この前、ちょっと外回りを許してもらえましたけどね」

いいとこあるじゃん。

「いや、インスが来るってわかったからですよ」

インス？

「営業インストラクターです。うち、営業ランキングでビリ近辺なんで、支社の若いインスに怒られる。だから客を店に呼べって」

それで、めでたく外回りに出て、客を集めることとなった。

だが、地域をいくら回っても、高齢者しかいない。

杖をついたばあさんが歩いている。

「あ、おばあちゃん、ニーサなんですけど」

「え、にーさん？　にーさんは、とっくに亡くなりました」

団地に夕陽が落ち、カラスの鳴き声だけが響きわたる。

昭和な社長(某PR会社)

これ、一発退場レッドカードっす

どうも、「昭和の」という形容詞はよろしくない。古臭いイメージがつきまとう。これが「明治」であれば威厳のような含みがあるし、「大正」には文化やデモクラシーの匂いがする。いや、個人的なイメージかもしれない。とりわけ、「昭和」と経済・経営のワードが結びつくと、大変よろしくない。「昭和の経営」とか「昭和な人事」とか、みなさん、いい印象を持てるだろうか。絶対に無理である。

何が言いたいのかというと、ＰＲ会社勤務の若手A氏が社長について情報を送ってくれたのだが、その表現が秀逸だった。

「昭和のワンマン社長の権化」

自社の社長をそう喝破《かっぱ》する。「昭和」だけではない。そこに「ワンマン」と重ね、ラストは「権化」で締めている。

このキーワード三連発で、我々日本人はなぜかその経営者をかなりの再現性をもってイメージできてしまう。

社長は80歳近い後期高齢者。出社後に社長室で寝てしまう。すると、開けっ放しのドアからイビキが聞こえてくるという。

それはいい。おそらく、A氏もそれだけなら、この昭和な社長を「権化」とまで言い切らなかっただろう。だが、どうしても許せない事件が起きる。

そのことを紹介する前に、少し前振りをしたい。私もかつて、サラリーマンをやっていた。その時、何がつらかったかって、どうしても観たいスポーツ中継を、勤務中につき我慢しなければならないことだ。

そういう日本人男子は、かなりの数にのぼるはずだ。

そこで、私はスポーツ中継を録画して、試合終了後に観ることにしている。対象は野球とアメフト、それにサッカー日本代表戦だ。ところが、試合は2～3時間もかかる。帰宅後、それをすべて観るほどの時間はない。余計な場面は早送りで飛ばし、1試合を15～20分で観る。この方法だと展開がスピーディーで興奮度が増す。

ただし、この視聴方式には1つ、大きな難点がある。事前に試合結果を知ってしまうと楽しさが消失することだ。したがって、帰路につく時、スマホでニュースを見るのを避け、タクシー車内ではラジオを止めるよう運転手に頼むことになる。

それでも国民的な試合は危険をはらむ。街頭の電光掲示板でニュース速報が流れ、道ゆく人が話題にするからだ。

振りが長すぎる？　うむ、そうだ。しかし、A氏の怒りを知ってもらうには、この振りはどうしても必要だと思う。

で、「昭和のワンマン社長の権化」は何をしたのか。

ある日、真っ昼間のオフィスでのこと。A氏がオフィスで仕事をしていると、社長室からテレビの音が漏れてきた。

WBC決勝を社長がテレビ観戦していたのだ。

A氏はキレた。それはそうだ。私だって、激怒して机を蹴り上げたに違いない。

ダメ出し11連発

私にこのことを伝えてきた時、事件からすでに月日が経っていた。だが、彼の怒りは収まっていない。そして、私の元に届いたA氏からの情報提供メールは、最初に「最も憎んだ社長の行動」として、こう記していた。

「WBC決勝を会社で1人だけ観ている。こっそりではなく、音声出した状態で自分用のテレビで」。彼のパソコンを打つ手が怒りに震えているさまが見えるようだ。そこから、社長の許せない行動11連発を打ち込んだ（原文ママ）。

「社長がほぼ毎日、女子社員に弁当を買いに行かせる」

「社長が社内でヒゲを剃る、爪を切る」

「ミスをしたら反省文を書かせる」

「社員は毎朝、指定した早口言葉を暗記して読み上げる」

「社員は毎朝、月イチで変わる〝作業訓〟を読み上げる」

「社長が朝、出社後しばらくしたら寝る」

「社員数を偽っている」

「雇用契約書を渡さない」

「誰も有休を使わない」

「テレビ録画した番組をクライアントに送っている」

「風邪でもメールではなく、電話で連絡を求める」

アウトだ！　アウト、アウト！

社長はゆるゆるだが、社員には有無を言わさぬ厳しさ。おいおい、まさに昭和だぞ、それ。

A氏いわく、早口は何のために訓練させられるのか不明。内容は、「生麦生米生卵」「隣の客はよく柿食う客だ」など、一般的な15パターンほど。ゆっくり読み上げると、「もっと早く！」と社長のツッコミが入る。

弁当の買い出しはもちろん、本やクスリ、お菓子などの「おつかい」が繰り返される。店にあるか確認もないままに頼まれることもある。ミスをすると反省文が待っている。

社員数は、10倍を超える「水増し」をしている。ホームページでも堂々と表記しているとか。

有給休暇は使わない。ただ、A氏は「(社長が)使わせない」とは書いていない。社員が自主的に「使わない」という状態だと読める。もちろん、社長が「まさか、有休を使わねえよな」オーラを出していれば問題だが。

1人プレジャー疑惑

私は、何度かA氏と連絡を取ったが、彼は本気で怒っている。すべての発火点はWBCだ。その事件がなければ、「うちの社長、昭和すぎねえか」と舌打ちされるくらいで済んでいたかもしれない。

だが、今となっては仕方がない。起きてしまったことなのだから。それほど、「自分だけWBC観戦」は、恨みを買う行為なのだ。そんな愚行を、社長たるものがやるのだろうか。私はこう想像してみた。

彼はPR会社を半世紀にもわたって経営してきた。PRとは「パブリックリレーションズ」の略、つまり社会との関係を結ぶ仕事である。クライアント企業の事業を、広く社会に知ってもらう。

だから、PR会社はピンからキリまである。悪いPR会社は、クライアントの商品が粗悪でも、それを隠して「すばらしい商品だ」と誇大宣伝し、消費者を欺《あざむ》く。

だが、良いPR会社は、消費者視点で問題を指摘して、企業行動を是正させていく。まさに、社会の声を企業内に反映させる窓口として機能するのだ。

だからして、日本社会全体が注目したＷＢＣの決勝は、職務上、これをチェックしておかねばならなかった。

そうだ。社長は高いプロフェッショナル意識を持っていたのだ。

でも、である。そうだったら、社員も一緒に観ようよ。だって、彼らこそ、日頃からクライアント企業と接している、一線のＰＲマンなのだから。

それとも、まさかとは思うけど、ただ楽しんでいたわけじゃないっすよね、社長！

第2章

二極化する社員

空疎な仕事の連続で
社員はやる気を失い、社内は「社畜」や
「名ばかり管理職」の溜まり場に。
その一方で、一部の自信に満ちあふれた
若手の暴挙に、職場はどう対処すれば
いいのだろうか。

社畜社員

辞める辞めるって
それ、詐欺だわ

中堅企業に勤務する女性Aさんには、頻繁に電話をかけてくる同僚Bさんがいる。

Bさんの話はいつも同じだ。

「もう限界。どうでもいい仕事ばっか振られるし、やってられないわ。もう会社、辞める」

「え、いきなり？」

「いや、ムリだから」

「でもさ、Bさんが辞めちゃったら、仕事、回んなくなっちゃうじゃない」

「そんなことないよ」

「でも、そうだよ。みんな困ると思うなあ」

時間泥棒

Aさんの言葉に、Bさんはしばらく黙っている。おそらく、自分の存在が必要だという言葉に酔っている。だが、しばらくすると、また電話口で愚痴をこぼす。

「やっぱ限界。もう辞めるわ」

「そんなこと言わないで、まず、ちょっと休んだら？　働きすぎだよ。リフレッシュしなきゃ」

「そんなヒマないし」

ここでAさんは少し首をかしげる。そもそもBさんは子育てがあるからと言って残業はしないし、休暇もしっかり取っている。

それは、自分が有能で、超効率的に仕事ができるからだという。残業や休日出勤する男性社員を、上から目線でバカにしている。だが、その男性は、周囲に気遣いができるし、他人のフォローにも回れる。みんなから頼られ、どうしても時間外の作業が発生する。

だが、このBさんは自分のことしか考えていない。

「会社は無茶振《むちゃぶ》りばっかりする」

そう怒るが、要するにBさんに柔軟性がないのだ。自分のやりたい仕事と合ってなければ、「無茶振り」と腹を立て、下手をすれば「パワハラだ」と騒ぎ出す。

「やっぱ、この会社、ムリだわ。だって、私のことをまったく評価してないから」

ここでAさんは思う。会社のBさんに対する評価って妥当じゃないか、と。

だが、そうは言えない。Bさん本人の自己評価は「超優秀」。だが、周囲がバカだから、能力が発揮できていないと思っている。

「この会社、はっきり言って、上が無能すぎるってわけ」

Bさんが電話口で嘲笑混じりのため息を吐く。

Aさんは仕方なく同調する。

「そうね。Bさんには、もっといい会社があるかもしれないね」

すると、Bさんの声色《こわいろ》が一変する。

「ただねえ、ほかの会社行くと、給料が悪いんだよね」

え、あんた、転職すると給料が下がるの？

「ほら、これから教育費もかかるじゃない」

「……」

「それに、残業がある会社も多いしさ」

じゃあ、あんた、今の会社にすがりつくしかないじゃんか。

「辞める辞める詐欺」

Aさんは心の中でそう叫ぶ。電話やSNSで、延々と何時間も愚痴が続く。これは時間泥棒だ。

こうした社員がいかに多いことか。そもそも、本気で転職を考えている有能な社員は、他人に「辞める、辞める」と言って回るような愚行はしない。

だからして、辞める辞める詐欺をする社員の仕事ぶりは、会社の評価どおり「低いパフォーマンス」なのである。

もちろん、現代企業の側にも問題はある。

これまで指摘してきたように、日本の会社には役割のない「名ばかり管理職」が増殖し、ムダな会議や作業をつくり出している。そのとばっちりで、ムダな会議への出席を求められたり、必要のない作業を強いられる社員が出てくる。

だが、有能な社員はムダな会議には出ない。上司も、それを咎《とが》められない。なにせ、実績を上げているのだから。

それでもムダな仕事を押し付ければどうなるのか。有能な社員は黙ってさっさと辞めていく。

「プチ昇進」の罪

では、ムダな会議や作業は、誰が付き合うのか。じつは、それを受け入れるしかない社員がいる。ほかの会社に行くことが難しい、「社畜」とも言われる人々である。

だが、そういう社員に限ってプライドは高い。そして、自分の仕事がムダで無意味なことは自覚している。ジレンマである。だから、「周りが無能だ」と毒を吐き、「もう辞めるわ」と言い続けなければ、精神的な安定を図れない。

そして、悪いことに、「ごね得」をするケースも多い。

仕事をしない上司ほど、社内で悪口を言われることを嫌う。そこで、不満分子に「プチ昇進」や「プチ表彰」などを与えてしまう。

こうして会社は負のスパイラルに陥る。要は、「名ばかり管理職」の増殖である。部下はゼロか、いたとしても問題社員の巣窟《そうくつ》だ。

悪循環は、さらにエスカレートしていくことになる。

Bさんは同僚たちに電話をかけまくる。

「えー、昇進ってすごいじゃん」

それを聞いて優越感。

「でも、ムリ。部下は無能だし。やっぱ辞めるわ」

「えー、Bちゃん、せっかく出世したのに、もったいないよお。休んでリフレッシュしなよ」

「ムリ。あんなヤツに仕事、任せられないから」

「そーだよね。Bちゃんの代わりなんてムリだよね」

だんだん、相談を受けた方が気づいてくる。

そうだ、上げ上げトークを聞きたいのだ。自尊心をくすぐられ、気持ち良くなりたい。無意味な仕事ばかりのモヤモヤを吹き飛ばし、気持ちが晴れて、安眠できる。

だから、ちょっとでも嫌なことがあると、自分で解決せず、話を聞いてくれる同僚に連絡をとる。

「もうムリ、辞めるわ」

だが、辞める気は1ミリもない。

Aさんは多くの辞める辞める詐欺を経験し、対応法を編み出した。名付けて「みのもんた方式」。まず、愚痴を「大変だねえ」とうなずきながら聞く。数分経ったところでタイミングよくこう切り出す。

「で、どうしたいの?」

相手は自ら解決策を話す。

「辞めたって私、もっといい仕事、すぐ見つけられると思う」

「いいじゃん! その方向で、がんばんなよ」

それで、ガチャンである。

ただし問題は、テレビ番組じゃないことだ。スタッフが電話回線を遮断してくれない。

「がんばんなよ」と言った瞬間に、こう切り返される。

「あ、待って。でもさ、子どもがいるから、職探しはねえ……」

じゃ、辞められないじゃん。

無限ループの罠にかかる。

そうだ。話をもう一周させて、「会社が困っちゃうよお」という気持ちいい言葉を聞きたいのだ。

こら! それ詐欺だっつうの!

名ばかり管理職

お局と星一徹って
みんな逃げるわな

「信用金庫の支店に勤務しています。昭和のド根性世代の支店長とお局《つぼね》様副支店長のコンビで、尋常じゃなくヤバいです」

そんなメールが届いた。これは、見に行かなくてはならない。

東京から数時間。その信金の前に立った。何の変哲もない、昭和な建物である。

その時、ある信金の思い出が脳裏をよぎった。

かつて、私の自宅近くの商店街に、神田信用金庫の支店があった。私がまだ小学生だった頃のことだ。神田信金に勤めるお兄さんは、いつも自転車に乗って、商店街や住宅地を回っていた。家にもやってきて、預貯金の手続きをやってくれ、さらにはカエルの貯金箱だとかティッシュだとかを置いていった。

それだけではない。

空き地でキャッチボールをしていればカーブの投げ方を教えてくれ、昼飯時にはラーメンをおごってくれた。

圧巻は夏休みだ。近所のガキを数十人も集めて3泊のキャンプに連れていってくれた。

だからして、子どもたちはみんな、神田信金が大好きで、店舗内で遊んだり、雑誌を読んでいた。

一方、駅前の銀行は入ったことがないし、行員も知らない。

思えば、銀行と信用金庫、その生い立ちや役割が違うのである。

前にも書いたが、銀行は「カネ貸し」と蔑《さげす》まれ、14世紀イタリアの「バンキ（銀行）」は強欲だったことから評判がすこぶる悪かった。

「多くの都市では、銀行家は売春婦と同じく聖体拝領を許されなかった」（ジョン・ミクルスウェイト、エイドリアン・ウールドリッジ『株式会社』ランダムハウス講談社、２００６年）

一方、信用金庫の源流は協同組合である。要するに、住民による相互扶助の精神で運営されている。

今もその構図は残っている。

銀行は株式会社として株主の利益を追い求めるが、信用金庫は地元の中小企業や住民が利用者となり、地域の発展を目的とする。

そんなことを知らないガキでも、銀行と信金の違いは、お兄さんを通して肌で感じていた。

で、今回は、そんな信金さんがヤバい職場と化しているという。

祝儀は「見せ金」

若い職員に聞いた。

「50代支店長は朝から「明るく元気にやるぞ」って半ギレです」

何すかね、そのテンションは。

「昔、甲子園に出たことがあるんですよね」

えっ、すごいじゃん。で、「熱闘甲子園」みたいな感じなのか。

「いや、『巨人の星』ですね」

あ、大リーグボール養成ギプスとかを無理やりはめさせて。

「そうそう。気合いと根性で、何でもできるんだって」

はー。で、ちゃぶ台ひっくり返したりするわけだ。でも、あんなに貧乏じゃないでしょ。

「いや、どケチで」

昭和の長屋みたいな雰囲気?

「それ以下っていうか。だって、ふつう上司って忙しい時期に、ちょっと差し入れとかしますよね」

はいはい。

「この前なんかペットボトルの水っすよ。ブランドもわかんない30円ぐらいの水を各自のコップに注いでいくだけ」

……ま、倹約ですかね。

「いやあ、そんなことされて、やる気ゲキ下がりですよ」

支店の歓送会でのこと。月3000円で集めていた原資に、恒例として支店長が祝儀を出す。ところが、である。

「会計を締めたんですけど、余ったカネをみんなに返そうとしたら、支店長に呼び止められ、「まずオレが出した祝儀を返せ」って。で、残ったのをみんなで分配する」

え、祝儀を返す？

「ま、見せ金ですよね」

かー。それは、ちょっと人間性が疑われるわな。

「根性論をまくしたてるだけで、具体的な指示やマネジメントは皆無。座っているだけです」

怒号、そして誰もいなくなった

結果、支店内は「お局様」のやりたい放題になったという。窓口のトップに立つ女性副支店長で、部下は4人の女性職員だった。

「はやりの女性管理職を増やすための人事ですね。無理に昇進させたけど、マネジメント能力はゼロ。常にイライラがマックスで、お客さんがいる前でも容赦なく職員に当たり散らす」

はー。巨人の星では、やさしいお姉さんがフォローするよね。

「その真逆《まぎゃく》ですね。本人の事務処理能力は高いんですが、それを教えることができない」

最初のターゲットは「不思議ちゃん」と呼ばれる、仕事ができないベテラン女性職員だった。

住所変更の手続きで、免許証などの確認をすっかり忘れている。

「何で、こんなこともできないのよ！」

支店の中に怒号が響く。だが、指示はないから、不思議ちゃんはオロオロするばかり。

1時間が経過する。ついに客が怒り出す。

「おい、住所変更にいつまでかかるんだ！」

それを聞いたお局様がまた爆発する。すると窓口の他の女性職員たちもおびえ、神経をすり減らす。

現金事故まで起き、疲労度が増す。そのたびに怒号が響き渡る。

2カ月が過ぎたころ、20代半ばの女性が「退職したい」と言い出した。その3カ月後には別の20代前半の職員も退職。どちらも仕事ができる有望株だった。

「まあ、他の仕事の方が向いていると思ったんでしょうね」

だね。信金よりも、もっと能力が発揮できるところ、あるかもね。

だが、2人が去って、窓口に残されたのは新人だった。彼女も耐えきれずに転勤する。

残ったのはお局様と不思議ちゃん。さすがに無理である。この2人にも辞令が下り、お局様は人と接することのない部署に移った。

そして、誰もいなくなった。

窓口の5人全員が数カ月で去るという異常事態である。

いやあ、すさまじいですなあ。で、支店長はどうなったの？

「そのままっす」

え、でも評価はバッテンでしょ。

「本人は気づいてないですね」

いやあ、だって評価のフィードバックがあるじゃない。

「直接の上司が付けた評価はわかるけど、本部が最終的にどう評価しているかはわからない仕組みです」

あー、昔はそんな評価だったよねえ。その方が丸く収まるのか。

「まあ、そこが信金のいいところかもしれませんけどね」

かもしれんね。

「今は店が一新されて、支店長の朝の号令はあるけど、なごやかに店が回ってます」

そうだ。そうして、信金は商店街に在り続けるのだ。

一時の喧噪から、それぞれが収まる場所に収まって、また信金は地元の中に溶け込んでいく。

溜まった愚痴を吐き出した職員は、自転車にまたがって、何ごともなかったように去っていった。

オレオレ新人

1割打者だけど満塁弾で帳消しや！

新入社員がみなさんの職場にもやってくることがあるだろう。うまく馴染めているだろうか？

「いや、今の若い子は何考えてるかわかんないし、難しいわ」

そうこぼす経営者や幹部、中堅社員が少なくない。

いつの時代も同じだ。

そこへもってきて、昨今はちょっとした指導でも「パワハラ」と言われかねない。もちろん、コンプラ強化で改善されたことは多い。

だが、副作用もある。

若手社員が消極派と積極派に二極化している。学生時代から自主性を重んじられ、厳しい指導が消えていったことが背景にある。

で、企業に「今どきの新人」の話を聞くと驚愕の話が続出する。

まずは「超草食」とも言える消極派。自分から動き出す気配はなく、黙って机に座っている。

昭和な職場なら、「こら！」とイスを蹴り上げられ、外回りに駆り出された。

私が記者になった時もそうだった。新人記者が神田の古本屋街で一斉に飛び込み取材をさせられた。

ちなみに、営業系社員は、「名刺100枚ゲットしてこい」と言われ、街角に立って、通りかかる人に名刺交換を頼み込んでいた。

今はそんな手荒なOJTはできない（つうか、ジョブになってないし）。

それどころか、やんわりと動いてもらおうとしても、思わぬ反応が返ってくる。

座ったまま数日を過ごした新人に、「一緒に外回りでもするか！」と声を掛けると、こう返される。

「いや、まだちょっと」

は？　まだって何よ。

「誰の所に行くのか、1週間前に教えてもらっていいですか。プロフィールとかもらわないと、心の準備ができないんで」

流通サービス業界も悩みが深い。店が混み、新人にレジを打ってもらおうとすると、クビを振られる。

「いや、ムリです」

え、この前やってみせたよね。

「まだマニュアル、読み込んでないんで」

いいよ。ざっくり教えたじゃん。

「ぜったい間違えますけど、いいんですか」

うーむ。これじゃ、サービスまでたどり着く道のりが遠いなあ。

まあ、消極派には一切関わらないという対処法もある（もちろん、それではまずいのだが）。

眠くて寝てて何が悪い

おそらく、みなさんが頭を抱えるのは積極派だろう。親にも先生にも注意されずに社会人デビューした自信満々の若手社員たち。

いわゆる「オレオレ新人」だ。

「オレは何でもできる。ほかの社員とは格が違う」と思っている。

私は記者時代、自己アピール全開のオレオレ新人を担当してきた。

ある新人男子が腰に手を当てて、仁王立ちで言った。

「金田さん、僕の担当、こんなチンケな会社でいいんですか。こんなの3日もあれば書けますよ」

おお、任せた。さっそく頼むわ。

ところが、出してきた原稿は意味不明だった。

これ、何が言いたいんだっけ？

「は？　わかんない？　んなわけないでしょ」

うーむ。そもそも、会社の現状説明も経営数字もないし。

そこで、私は過去記事を検索し、新人の原稿に書き足していった。

で、書きたいことって何だっけ？　この会社、どんな改革をやったの？　いつ、どんな狙いで？

そう質問しながら原稿を加筆修正していく。ようやく意味が通った原稿となり、新人に渡す。

「ああ、そうそう。よく書けてますね。そのとおりです」

じゃあ、最初からそう書こうよ。

「ま、僕が話すんで、それを金田さんが書いた方が早いですね」

いや、毎回、こんなことできないでしょ。まず、自分で考えて原稿をまとめようね。

だが、これはまだいい方だ。

挨拶回りをさせると、鼻息荒く帰ってくるオレオレ新人。

「何か、偉そうな態度で、わけわかんないこと言うから、怒鳴りつけときましたわ」

……態度悪いのはお前だって。

会議中には堂々と居眠り。それを注意すると、逆ギレする。

「眠いから寝ているのに、何が悪いんすか！」

仕事を頼むと、睨《にら》みつけるように見上げる。

「あの、これってオレがやるべき仕事っすかね」

じゃあ、ほかに何かできるの？

「それを考えるのが、マネジメントの仕事じゃないっすか！」

まあ、そうだけど……。オレオレ度、どんどん上がっていくわあ。

放し飼い効果

それでも、私はできる限り新人を起用し続けた。しかも、勝負どころにあえて突っ込ませる。指示もせず、放し飼い状態で。

「え、それじゃあ、もっと問題が起きるじゃないか」

いやいや、それを抑え込もうとするから問題がこじれるんでしょ。強制したところで反発されるだけっす（少なくとも心の中では）。

ならば、新人に思うがままやってもらうに限る。

おおまかなテーマだけ投げて、雑務はさせず、できるだけ仕事量を少なくする。要は、やることを自分で生み出し、動き、原稿まで仕上げてもらう。

私は新人を「先生」と呼ぶようにしている。

「先生、原稿、いつごろいただけるでしょうか」

そう言い続ける。悩んでいれば、一緒に考える。だが、こちらから回答は言わない。

だからして、出てきた原稿は、たいていは15点、20点の出来だ。だが、それを合格点まで一緒に修正すればいいだけだ。

逆に、新人に取材の仕方から書き方まで指導すると、生産性や効率は一気に上昇するが、40点、50点の原稿ばかり出てくる。それはそうだ。ベテラン記者のまねごと、つまり〝劣化版〟を再生産しているだけだから。

それよりは、自分で考え、悩み抜いて15点、20点の原稿を出し続けた方がいい。

なぜなら、そうしているうちに、まれに、ベテランでは考えつかない120点の〝場外ホームラン〟が飛び出すからだ。若い感性が爆発した瞬間に立ち会える。

それは周囲の中堅・ベテランにも刺激を与える。「若手に負けてられない」と目の色が変わる。

過去からの延長で、同じような原稿を書き続けてはいけないのだ。

私は、その震えるような原稿を見たいがため、15点、20点の原稿を直し続ける。

で、場外ホームランを打った新人はオレオレ度がマックスになる。

やっかいだ。

私はパシリに使われる。

「あ、金田さん、コンビニ行くならカフェラテMお願いします」

あ、はいはい、了解です。

そう言ってビルを出て夜空を見上げ、場外ホームランの夢を見る。

ハイテンション専門職

職場を離れりゃ
堕天使です

ニューヨーク特派員時代、でかい事件の執筆を終えると、ラスベガスに飛んでいた。その頃の米国では、リーマンショックやビッグ3の破綻、オバマ大統領誕生といった世界を揺るがす出来事が続いた。

数カ月の取材の後に企画記事を執筆すると、体はボロボロだが、精神的にはハイな状態になる。そのまま飛行機に乗って、ベガスで数日を過ごす。ちなみに、取材で航空会社のマイルが貯まり、フライトにカネはかからない。それが私の「オフ」であり、大抵ベガスで次のネタを思いつき、そのまま取材先に飛び立つ。

「おいおい、それじゃ体が休まんないじゃんかよ」

ま、そうかもしれない。だが、激変する事象を相手にしていると、オフとなっても、簡単に気持ちが切り替わらない。読者は突発事件を知りたがる（でしょ）。不祥事や事故・災害を早く知らせて、解決に向けたコメントの1つも出さなければならない。

だからして、記者という職種にはハイな状態から抜け出せない輩《やから》が多い。職業病っす。

で、思いがけない所に、同じような人種がいた。

大病院の看護師である。

えっ、と思うかもしれない。

それはそうだ。私だって、ついこの間まで、まったく想像できなかった。だが、専門職だから自分の世界に没入していくのだ。読者からのお便りをきっかけに実態を知ることとなった。

百戦錬磨のウルトラハイ

まず、彼女たち（男性はいまだ少数派で、今回話を聞くことができなかった）は極めて過酷な勤務状態にある。

コロナ禍は過ぎ去ったものの、総合病院の病床稼働率は高止まっている。この数字は、病床当たりの入院患者数で計算するが、80％超のケースが多い。

「うちは100％を超えている」

神奈川県のある病院は、「患者をすべて受け入れる」という方針のため、搬送用ストレッチャーまで使って患者を入院させている。

だが、現場の人手が足りない。とくに看護師不足は深刻だ。関西のある国立病院は、コロナで患者が押し寄せて病棟のマネジメントが崩壊、今もその後遺症に苦しむ。

「看護師が大量退職して、今はほかの国立病院から看護師を派遣してもらって凌《しの》いでいる」

そして、「長日勤《ちょうにっきん》」と呼ばれる過酷なシフトが常態化した。

看護師のシフトは、通常、「日勤」が午前8時〜午後5時、「夜勤」が午後4時〜午前9時で組まれ、1時間程度の引き継ぎがある。だが、人手不足で業務が回らない。

そこで、午前8時〜午後8時までの12時間ぶっ通しの「長日勤」が導入され、全国の大病院に広がっている。

「24時間対応が求められる急性期病院にも長日勤が導入されている。子どもがいる看護師は、楽な療養病院などに移ってしまう」(50代看護師)

そして、急性期病院に残ったのは、百戦錬磨の看護師たちだ。

「コロナ禍も乗り切った彼女たちに怖いものはない。人に針を刺しまくっているから、性格もワイルドになっている」

「白衣の天使」というイメージとはかけ離れた世界である。

彼女たちは日勤と夜勤を繰り返す。とくに夜勤は精神的にも肉体的にも過酷を極める。

午前9時、彼女たちが激務を終えて帰っていく。

自宅に直帰して、ベッドに倒れ込んでいる——そう思っていた。それは、まったくの勘違いだった。

彼女たちは夜勤の終了後を「明《あ》け」と呼んでいる。

病院を出ると、太陽の光を浴びる。解放感があふれる。

そして、ウルトラハイになる。

で、どうするか。私が聞いた限り直帰して寝る人は少ない。そのまま同僚とつるんで遊びに行く。

多いのがパチンコである。

「10時の開店から入って、午後11時の閉店まで打つ。数人で行って、勝った人が焼き肉をおごる」

くわー、想像できなかったわ。

問題は、店がオープンするまでの時間をどう過ごすかだという。都心ターミナル駅近くの病院勤務の看護師は献血に行く。

「痩せはしないけど、血が入れ替わって健康になる気がする。ジュースをもらって休めるし」

それって温泉の休憩所みたいっすな。ただし、献血センターから不審な目で見られる。大抵、元大病院の看護師が注射器を持って待ち構えている。

「あんた、看護師じゃない?」

「え、違います」

「明けでしょ」

「……いいえ」

「あのさ、こんな時間に若い女が献血なんかしないんだよ。倒れられると困るんだよね」

バレバレだが、献血はやってもらえる。

「ちゃんと帰って休みなよ」

帰り際、そう念を押される。それでも、明けの看護師はおとなしく自宅に帰らない。パチンコ屋に同僚が集結してくる。ある看護師は漫画喫茶でシャワーを浴びリフレッシュしてきた。10時ぴったり、ドアを押し開ける。大音量のパチンコ台が彼女たちを迎える。

医師を牛耳る

その頃、駅前の高速バス乗り場にも看護師たちの姿がある。富士山の5合目までバスで行って、7合目の宿で仮眠。午前1時から山頂を目指して登り、ご来光を拝む。

達成感!

このハイテンションのまま、次の勤務に飛び込むのだ。そうでもしなければ、修羅場と化した大病院の勤務は乗り切れない。

ヤバい患者も増えている。スマホ片手に、「録画してるからな」とすごんでくるじいさんもいる。「不穏《ふおん》」。そう呼ばれるのは、手術後にせん妄を起こし、暴れる患者たちだ。点滴を引きちぎって、亡くなりかけるケースもある。

頼りになるのは、やはり医師だ。コロナ禍で物品不足の中、手際よく処置して去っていく医師はかっこいい。

だが、「準備ぐらいしとけよ」と怒り出す医師もいる。そういうヤツに限って腕も悪い。

「おい、うまくいかなかったの、準備不足なお前らのせいだぞ」

は？　あんたが失敗したんじゃないの。それでも、執拗に看護師を責め立てる。

こうなると師長の出番だ。できる師長は、医師と張り合えるだけの知識と経験を持っている。

「先生こそ、何でこんな処置をしたんですか」

うむ、逞《たくま》しい。自分も仲間を助ける存在にならなければならない。

一難去ると、夜の病棟に静けさが戻ってくる。だが、それも束の間、ナースコールが鳴り、真っ暗な廊下に患者のうめき声が響く。懐中電灯を片手に処置に追われる。

そうしているうちに、空が白みはじめる。やった、勤務終了だ。

さーて、今日も打ちに行くか！

第3章

デカいほどヤバい

20世紀に巨大化した大企業が、
人口減少社会の荒野を
獲物を求めて徘徊している。
「デカいことはいいことだ」
その神話から抜けきれないゾンビは
どこへ向かうのか。

損保ビッグ3

値上げしちまおうぜ
おう、がってんだ！

ビッグモーター事件で、ヤバい構図が浮かび上がった。

中でも問題の根深さが露呈したのが損保だ。「コナンくん」こと兼重宏一元副社長は損保ジャパンに在籍していた。同社からの出向者も累計37人に上る。ズブズブの関係で、不正を放置し、被害を拡大させた。

損保の闇はそれだけではない。

ビッグモーター事件の陰で、驚愕の事件が明るみに出た。

「公取委、損保大手4社の談合を調査」

談合は他業界でもある。だが、損保はスケールがデカい。

カモにした相手を見ると、大企業がずらりと並ぶ。

まずは私鉄大手の東急グループ。東急は保険料を3年で20億円払っていたが、損保各社の見積もりを取り直してみた。すると、大手4社が出してきた保険料がすべて3年で30億円だった。疑問を持った（というか、ふつう疑うわな）東急の担当者が、東京海上を問い詰めると、「調整していた」と認めたという。

巨額の値上げを、裏で示し合わせていたわけだ。そりゃ、公取委も見逃せないわ。

そもそも、損保の市場は「寡占」の状態になっている。

東急の事件では、東京海上をはじめ三井住友海上、損保ジャパン、あいおいニッセイという大手4社の談合が疑われている。ちなみにあいおいニッセイは三井住友海上と同じ持ち株会社の傘下なので、実質は3グループである。

この損保ビッグ3は、合わせると市場シェアが9割を超える。

ところが大手損保は、「損保会社は30社もあるから、寡占ではない」とおっしゃる。

んなわけないだろ！

しかも、談合の疑いが出るわ出るわ。東急だけでなく西武や京成などの鉄道各社、モノレールや空港、石油、鉄鋼がまんまと高い保険料を搾り取られていたという。

大手損保の業績が、絶好調なのもうなずける。

たとえば東京海上ＨＤの前期の経常利益は前期比70％増の８４００億円。社員の平均給与も高額だ。勢い就職人気も高く、一流大学から続々と人材が入ってくる。

しかし、若い読者から驚くべき内部情報が伝わってきた。
「東京海上では、若手社員がどんどん辞めていってます」
え、マジっすか。
「200人以上いた同期は、10年で半分が去っていきました」
やはり彼らは賢い。損保が抱えるリスクを見極めての行動だろう。

転落スパイラル装置

そして、損保関係者から続々と情報が入ってくる。だから損保のみなさん、この文章は私が書いているというよりも、みなさんが書かせているのですよ！

で、もっとも多くの声が寄せられたのが、「代理店手数料ポイント制度」だ。

この制度はビッグモーター事件でも取り上げられたので、ご存じの方もいるだろう。「代理店の成績表」で、100点（ポイント）を境に天国と地獄に分かれる。そして評点を上げ続けなければならない。

損保は全国16万もの代理店に販売を任せている。その中にはビッグモーターのような中古車販売業者や新車ディーラーもいる。

では、彼らが保険を販売したら、どれだけ手数料が入るのか。じつは、20年前まで、損保の手数料は一律2割と決まっていた。だから、個人代理店が売っても、ディーラーが売っても、年10万円の保険商品なら2万円が懐に入った。
ところが、20年前、損保が手数料ポイント制度を導入する。

損保が決めた評価項目とポイントが冊子になっていて、損保側が一方的に評価し通知してくる。代理店は20〜120ポイントという評点でランクづけされる。このポイントが、そのまま手数料の割合（パーセンテージ）となる。

例えば、100ポイントだと、手数料2割×100（％）で、かつての手数料と同じ2割となる。120ポイント獲得すれば、2割×120（％）で24％に増える。だが、20ポイントだったら4％になってしまう。

ポイント評価には、代理店の「挙績（保険料収入の規模）」と「増収率」が大きく影響する。当然、ビッグモーターのように巨額の保険料収入を稼げばランクは上がる。

だが、恐怖の仕掛けがある。増収率が下がると、ポイントが下がるため、損保からもらえる手数料が急速に落ちるのだ。手数料が巨額であるほど、「前年割れ」が経営に甚大なダメージとなる。

結果、ビッグモーターは強引にでも損保の販売実績を積み上げる必要に迫られた。

「優越的地位の濫用」

2023年7月、損保代理店の経営者264人が公取委にポイント制度について「排除措置命令」を求めた。

申告人に名を連ねた代理店経営者はこう憤る。

「損保が勝手にポイント引き下げの通告をしてくる。小さい代理店を整理淘汰したいのだろう」

そして、高齢の個人経営の代理店には損保大手が100%子会社として設立している「パートナーズ」という代理店への吸収を迫る。

「断り続けると手数料ポイントを下げられ、真綿で首を絞められていく」(前出の代理店経営者)

【盗人に追い銭】

ある小規模代理店の経営者は、大手損保A社に評価を20ポイント近く下げられた。そこで、違う大手損保グループの系列B社の代理店に乗合(兼業)する。

「まともな評価をしてくれる所の商品を扱いたい」

ところが、A社からは契約を解除され、裁判になった。

結果は和解で終わった。だが、今度はB社からポイントを大幅に下げられる。そこで、独立系のC社にも乗合して、今は過去最高の110ポイントを獲得している。つまり、かつての一律2割の時代よりも高い手数料になったわけだ。

「でも、ポイント制度は廃止すべき。評価がいい加減すぎる。みんな一律にして、頑張った所に損保がボーナスを出せばいいだけ」

そして損保の企《たくら》みを喝破《かっぱ》する。

「零細の代理店から手数料を巻き上げて、大きい代理店に流して尻を叩いている構図だ」

なるほど、それで小さい代理店が潰れれば、淘汰が進むから一石二鳥だ。巨大代理店は大幅減額の恐怖に震え、猛烈に営業する。

とんだ膨張装置である。

だが、強烈な副作用があった。ビッグモーターが巨大になりすぎて、損保は不正請求をされても、見て見ぬ振りをするしかない……。

「まあ、盗人《ぬすっと》に追い銭だわな」

ヤバい。構造としてヤバすぎる。

繰り返す。彼らは優先的地位を使って、代理店を舎弟のように扱っている（返り血も浴びるが）。しかも裏で談合して価格を吊り上げている（と当事者がゲロっている）。

うーむ、看板のイメージとは裏腹の、あこぎな世界やな。

ジャニーズ事務所

ユー、気に入った
ジュニア使いなよ

ジャニーズ事件にはほとほと呆《あき》れている。

「ジャニーズ解体」

2023年10月、そんなテロップが流れる中、記者会見が開かれた。

その後、社名を「スマイルアップ」と変更、被害者の補償に専念する。その業務終了とともに廃業するとも表明している。同時に、タレントのマネジメントについては新会社を設立する、と。

「ジャニーズも反省したんだね」

あの時点では、そう思った人も多いだろう。

だが、残念ながらそうはならなかった。

その後も英ＢＢＣのインタビューで、ジャニーズ事務所のスタッフ２人が性加害に加担していたことが判明している。

事件の構図は何も変わっていない。それを知りながら、警察に情報提供していなかった。新体制の構図をよく見てほしい。まず、被害者の補償をするスマイルアップの１００％株主は藤島ジュリー景子氏（ジャニー喜多川氏の姪）だ。社長は東山紀之氏だが、彼に経営を委任するのは大株主のジュリー氏にほかならない。視聴者の錯覚を利用して事態を収束させ、元のまま、テレビ局とのもたれ合いを続けている。

ファンに責任転嫁

まず、ジャニーズの新会社名だが、ファンからの声で決めるとし、14万件もの応募を集めた。それは、主語をファンおよびファンクラブに切り替える効果を生み出した。

そして決まった社名は「スタートエンターテイメント」。

で、また、性加害が起きれば、「スタートエンターテイメント幹部、再びセクハラ」と報じられる。するど、その幹部は非難を浴びるだろうが、会社はどうなる？

「スタートエンターテイメントってファンが決めた会社だし、そこは悪くないよね」

そういう反応を誘発するのではないか。

旧ジャニーズ関係者から今後も性加害問題が出てくる可能性があるが、「ファンが一緒に作った会社」という緩衝材を埋め込んだように見える。どこまでも狡猾《こうかつ》な会社である。

そして、何より怖いのは新会社スタートエンターテイメントが未成年の育成を続けていることだ。「ジャニーさんの性加害を容認しているようにも映る」

会見でもそう指摘された。

それはそうだ。最も危険な装置を、看板を掛け替えただけでこれからも続けるというのだから。

この会見で、質問できない記者たちが不満を爆発させた。すると司会者は、「（指名する）ルールです」と注意する。続けて、井ノ原快彦副社長がこう記者を諫《いさ》める。

「全国に生放送で伝わっており、子どもたちも見ておりますので、ルールを守る大人たちの姿を、この会見で見せたいと僕は思ってます」

ところが、である。

この会見、じつは、記者の「NGリスト」があり、都合が悪い質問をする記者を排除しようとしていた。

それがバレると、ジャニーズ側は言い訳をする。PR会社との事前の会議でNGリストを示されると、井ノ原氏がこう言ったという。

「これどういう意味ですか？　絶対当てないとダメですよ」

そこで、PR会社はこう答える。

「前半ではなく後半で当てるようにします」

それ、アウトだろ。前半の方が注目度が高い。当たり前だ。会見が続けばCMも入るし、中継を終える局もある。

だからして、井ノ原氏はPR会社に反論しなければならなかった。

「後半とか決めちゃダメだろ」と。

後に、ジャニーズは「後半で」という部分を削除し訂正したが、そんなもん誰が信じる？　とんだ茶番劇を見せられたことになる。すべては仕組まれたものだった。

その前月の会見もそうだ。

東山氏の過去のセクハラ問題について突っ込む質問が出ると、ある民放はCMに切り替えた。

いや、穿《うが》ちすぎかもしれない。だが、私はジャニーズ問題に関しては、テレビ局の行動や報道を信用していない。ニュースキャスターがいくらジャニーズに厳しい発言をしようが、裏ではグルなのだ。

そこには、私自身のジャニーズ被害がある。テレビ史を綴る連載を執筆した2006年のことだ。

忖度するテレビ局

テレビ番組の質的劣化を感じていた私は、重要人物を選定し、テレビに与えた影響を検証していた。その1人として、ジャニー氏を4ページにわたって取り上げた。

1980年代、テレビ局に2つの大きな変化が起きていた。

1つはフジテレビの躍進だ。「楽しくなければテレビじゃない」をキャッチフレーズに、「笑っていいとも！」「オレたちひょうきん族」などの番組を次々とヒットさせた。

そして番組の作り方は激変する。それまでは構成作家が緻密な台本を作っていたが、芸人のアドリブを後で編集する手法に変わっていく。お笑い芸人や女子アナ、そしてジャニタレ（ジャニーズのタレント）が次々と起用される。

かつての男優は映画出身者が多く、大柄でがっしりした体型だった。だが、小さなテレビ画面には収まらない。その点、ジャニタレは女優と体型が近く、並んでも画面にちょうど収まる。しかも歌って踊れるし、笑いも取れる。

これが、フジテレビの「軽薄路線」にうまく合致した。そして、全局が後追いすることになる。

だが、この少年たちには、ジャニー氏が性加害をしながら選んだ人が含まれるのではないのか――。

2004年、最高裁でセクハラ事案が認定される。それを報じなかったテレビ局は、被害を拡散した共犯者である。テレビ番組の質的劣化は、ジャニーズ問題と表裏一体の事象と言える。

そんな私の見方を知ってか、ジャニーズは取材依頼すら聞こうとせず、ジャニー氏の写真撮影も拒んだ。そこで、私はカメラマンと打ち合わせて、テレビ局から出てくるジャニー氏を撮影し、セクハラ問題に触れた記事を掲載した。

その後、どうなったか。

雑誌から、ジャニタレが起用されている広告がすべて引き揚げられた。そして、私は某テレビ局から出禁をくらった。関係者は「ジャニーさんの意に反した記事を書いたから」だという。

は？　本人から抗議がないのに、なんでテレビ局が出禁にするの？

忖度である。ジャニーズ事務所をめぐっては、テレビ局と電通が忖度して過剰に反応する。

だから、「ジャニーズ」の名を消し去っても解決しない。セクハラ事件の構図を断ち切っていく作業が必要となる。

タレントはいったん独立し、ファンクラブという「資産」を土台にして、自ら収益化する道を探るべきではないか。そこに、周囲の人々が経営を支援する。

独り立ちが難しい「ジュニア」は、新会社が救わざるをえないかもしれない。だが、井ノ原氏が育成に携わるのなら、権力ラインから外れ、独立してアドバイザー契約を結ぶべきだろう。

そしてテレビ局は、「ジャニタレを使えば視聴率が取れる。少なくとも、後で責任は問われない」という安易な番組づくりから抜け出してほしい。そうでなければ、被害に遭ってテレビ界から去った多くの少年たちや、そこに夢を見たファン、視聴者が浮かばれない。そして、テレビ局に出禁をくらった私も浮かばれない！

巨大傾斜マンション（三井不動産）

大企業ピラミッド　これじゃ潰れるわ

かつて運動会のハイライトの1つにピラミッドがあった。四つん這《ば》いで重なる組み体操だ。私も中学生の時にやった。

一番上には、小柄で運動神経のいいヤツが乗る。そして、底辺はがっちりした体型の生徒が固める。お決まりのパターンだ。

ところが、「産業ピラミッド」となると話は逆転する。自動車産業も建設業も、底辺に零細中小企業が並び、上に巨大企業が乗っかる。

「こら、一緒にするな！」

うむ。お叱りはもっともだ。だが、冷静に考えてほしい。エジプトでもメキシコでも、ピラミッドは組み体操と同じ構造だ。頂点に巨大な石を置いているものはない。

だから私は、ビジネス界のピラミッドは、構造からして脆《もろ》さとリスクを内包していると思っている。そのことを思い知らされたのが、横浜の傾斜マンションだった。

パークシティＬａＬａ横浜。この建設では、日本を代表する巨大企業グループがタテに積まれてピラミッドを構成した。三井不動産を頂点に、三井住友建設、日立ハイテクノロジーズ、旭化成建材が下を固めた（三井不動産は後に三井不動産レジデンシャルに交代）。

万全の体制である。が、巨大マンションを支える杭を打ち損なう。

完成8年目の２０１５年、マンションが傾いていると発覚、２年後に全棟解体が始まる。２０２１年に建て替えが完了し、住民が戻った。

発覚当時に取材した私は、8年ぶりに住民たちに会いに行った。

駅から商店街を歩くこと10分。そこに8年前と同じ巨大マンションがそびえていた。マンション4棟を、すっかり建て直したわけだ。

8年前を思い出した。取材に駆けつけると、マンションの入口すべてに黒いスーツを着た三井グループの社員が立ちはだかった。仕方なく、出てくる住民に声をかけて、お茶に誘い、仲良くなり、話を聞いていった。彼らは大企業の不誠実さに憤っていた。

建て替えで企業の態度は変わっただろうか。戻った住民に聞いた。

「まずは、ほっとしました」

50代の男性は笑顔を見せた。8年ぶりに近所の人と再会したからだ。しかし、そういう人ばかりではない。建て替えの間、子どもや高齢者は慣れない場所で毎日を過ごした。仮住まいがうまく決まらず、故郷に帰った人もいる。結局、戻ったのは705世帯のうち458世帯。3割以上は違う場所に移ったことになる。

それでも、建て替えを実現させたことは、奇跡に近い出来事だった。住民の5分の4が賛成しなければ実現しないからだ。

ぬかるみに巨大マンション

その中心人物だったのが、当時の管理組合理事の太田哲次氏。建設会社に40年勤めたプロだ。マンションのロビーで再会する。

「造りはお粗末だね」

太田氏は第一声、そう言った。クロスはひどいし、ベランダの床も浮いているという。

「職人がいなかったんだろうね」

東京五輪の建設ラッシュもあって、工期は半年ほど延びてしまった。仕上げが粗いのは、そんなドタバタがあったからだとみている。

「でも、五輪特需なんて想定できたはずなんだよね」（太田氏）

そうだ。開発のプロは、それを見越して計画しなければならない。

このマンション計画は、当初から大企業側の粗さが目立った。

そもそも、この土地は鶴見川が蛇行する場所で、地盤が緩い。地元の元住職いわく、一帯は田んぼが広がっていた場所で、恐ろしくぬかるんでいた。

「田植えをすると体が沈んでしまう。板を敷いて作業をしていた」

地元の名士は、家屋を建てる場所ではなかったと証言する。

「昔は近くの橋の所で決壊していた。水が引かないから、トンネルを掘って水を逃がしていた」

1960年代、日本コカ・コーラとNECが工場を建設する。ところが、地下水を汲み上げると、周囲の地盤が沈下する。地元住民との大騒動に発展。横浜市の記録では2年連続で7センチメートルも沈下した。結局、2社はこの地から撤退する。

その跡地を引き継いだのが三井不動産だった。そして、ここに大型商業施設「ららぽーと」と巨大マンションの建設を計画する。

ところが、軟弱地盤なのに、巨大マンションを支える杭が支持層まで到達していなかった。

杭打ちを担当したのは旭化成建材、設計施工は三井住友建設。だが、住民は、三井不動産のブランドを信用して、4000万円近いマンションを購入している。

「我々住民から見れば、責任は100％三井。だって、住民が、杭打ち業者を相手にできるわけないんだから」（太田氏）

無責任ピラミッド

8年前、事件が報道されると、批判に押されるように、三井不動産は建替工事に300億円、住民補償に100億円を計上する。慰謝料として300万円も支払う。

業界では、「さすが三井、手厚い住民補償だ」という声も聞かれる。

だが、太田氏の見方は違う。

「自分が払う気はないから気前よくカネが出せるだけだよ。そこに、三井のずるさを感じる」

そして、三井不動産レジデンシャルは、三井住友建設以下の「下請け」を提訴し、506億円を請求している。当然、下請け各社は抵抗している（ちなみに、三井住友建設の前期の当期利益は40億円で、その前は257億円の赤字に陥っていた）。

おいおい、巨大企業がピラミッドを作っておいて、責任の押し付け合いっすか。

確かに、杭打ち工事は旭化成建材だろうけど、そもそも親分は三井不動産じゃないのか？　それが、かかった費用をすべて下請けの企業たちに押し付けるって、親分だけ責任ゼロってことになるじゃんか。

そもそも、土地を買ったのは三井不動産だよね。どれだけぬかるんだ土地なのか、知っていたんじゃないの。どこまで、下請けの現場に伝えていたの？

これでは、現場はたまったものではない。

ある住民はこんな感想を漏らす。

「担当者は以前より親身になってくれる。お互いドロ舟に乗っているから仲間意識が生まれた」

だが、担当者が組織に戻って、上にかけ合うと話が通らない。そこに巨大組織の断絶がある。

そうした大企業が重なると、もっと危険な無責任状態になる。

太田氏は仮住まいの間、都内の億ションにいた。それは、不動産大手が手がけた新築物件だった。

「そこも床の継ぎ目がズレていた。欠陥マンションだろう」

え、そうなの。

「まあ、会社が合併をしまくって、大きくなってるしね」

そうか。巨大ピラミッドを構成する各社も肥大化している。

ヤバそうだ。

ちなみに、運動会のピラミッドは「禁止」が相次いでいる。危険すぎるらしい。

日本郵政グループ

郵政ドリームって なんか虚しくね

かつてのコロナ禍で広まったテレワークだが、すっかり出社へと戻った会社も少なくない。そして、職場は以前の光景に戻っている。

上司の檄が飛ぶ。パワープレーの完全復活だ。考えてみれば、人が同じなら、コロナ禍で企業文化が変わるはずもない。その典型が郵便局の現場だ。かつてのピリピリした空気が戻ってきた。

「営業成績をコロナ前に戻せ！」

首都圏の郵便局にそんな号令が飛んだ。ゆうちょ・かんぽの商品を売り込むべく、局員が電話をかけまくる。

ところが、客が電話に出ない。

「詐欺事件が多く、高齢者すら電話を取らなくなった」

業《ごう》を煮やした営業部隊は、外まわりに飛び出した。

ところが、インターホン作戦も成果が上がらない。一軒家のガードが堅くなっている。そこで、巨大マンションのオートロックの前で、部屋番号を次々と押す。ピンポンに応じてくれればしめたもの。相手のインターホン画面に、制服の胸にある郵便局マークが映るように体をくねらせる。

郵便局だと認識してさえもらえれば営業のとっかかりが摑める。

真っ赤なバイクも武器となる。かつては目立って恥ずかしかったが、今では安全の象徴だ。庭先に住民がいれば、バイクを引っぱりながら、「郵便局です」と大声で挨拶する。

やっとのことで住民と話すことができても、そこから先も難関が待ち受けている。

かつて高齢者は郵便局を信用しきっていた。申込書に名前だけ書いて、「あとはやっといて」という人もいた。だが今はコンプライアンス上、そんな緩い販売方法は許されない。金融商品のパンフレットをめくって説明していく。

高齢者は顔をしかめる。

「難しくてわかんないわ。かんぽって簡単な保険じゃないの？」

「いや、簡易保険です」

「同じじゃない。で、どれくらいおカネ、増えるの？」

「いや、増えるわけじゃなくて、掛け捨てになっていまして……」

「えっ。減るってこと？　じゃ、いらないわ」

昔を知る人は「郵便局に預ければ2倍になって返ってくる」という夢のような記憶が残っている。それは、平成の時代まで続いていた。定額貯金で10年間預けると、最終利回りが8・648％になり、100万円が186万円になって返ってきた。

ところが、現在の利回りは0・1％程度……。関西の郵便局員は、説明する声が小さくなるという。

「何度も聞き直される。昔とのギャップが大きすぎる」

ノルマ未達の結末

郵便局員が肩を落として職場に戻ると、上司から冷ややかな視線が送られる。「なんだ、手ぶらか」。

どこの世界にもノルマはあるだろうが、郵便局の世界では、数字がすべてとも言える。なにせ全国2万4000局の局長や幹部の出世がかかっている。営業成績と選挙の票数という2つのノルマをどれだけ達成するかが、人事評価を決定づける。

ちなみに、選挙の票数とは、参院選に送り出している組織候補の得票数を指す。郵便局長は20〜50人の「名簿」を提出させられる。この名簿に書いた人の票が固められないと、あとで問題となる。

「郵政候補の地元の獲得票数が発表されると、それを局数で割り、未達だと厳しく問い質《ただ》される」

郵便局にとっては、自民党に影響力を誇示したい。そのため組織候補のトップ当選と巨大な票数が求められる。

営業成績もノルマ未達の場合、支社などからの呼び出しをくらう。指導員から、成績優秀な若手局員の営業手法が示される。

「子どもが来たら、局長が自ら風船を渡しに行く」「お客さんには口角を上げてニッコリと対応する」

そう言われると、反論もできない。ベストプラクティスを紹介されているだけだから、パワハラやモラハラには当たらない。屈辱とプレッシャーの連続だ。

すべては巨体の維持のためである。預金残高は約200兆円で、メガバンクを上回る。

だが、こうした拡大が可能なのは、政治が預入限度額を1300万円から2600万円に拡大するなど、「援護」をしてくれるからだ。したがって、選挙で組織力をアピールする必要が出てくる。

かんぽは、その規模が下降線をたどる深刻な状態にある。総資産は約60兆円だが、新規契約が伸びず、日本生命に抜かれて首位の座から転落している。

それだけに、営業部隊を強化して販売を伸ばそうと躍起だ。それが2019年に発覚したかんぽ不正契約事件につながった。

ほかの金融機関などから「営業のプロ」を中途採用し、郵政ブランドを利用して売りまくった。

妄想の新商品戦略

「郵便局の営業はチョロい。中途組はそう豪語していた」。関西の郵政関係者はこう打ち明ける。

高齢者が格好のターゲットとなった。騙しやすい相手を「ゆるキャラ」などと名付けて、集中的に狙った。保険料の二重払いや無効な保険の販売などが横行。90代女性に50件以上の契約を結ばせたケースもあった。結果、不正は18万件にも膨れ上がった。投資信託の販売でも高齢者に対して1万9591件の社内規定違反があった。

郵政グループの3社長が退任に追い込まれ、2020年10月まで営業自粛となる。再開したときは、コロナの蔓延で思うように活動ができなかった。

今、ようやく営業活動に本腰を入れようとしているが、どうも勝手が違う。それはルフィのような詐欺事件の影響だけではない。かんぽ事件によるコンプライアンス強化も痛い。保険の契約にこぎつけても、客との約款の読み合わせに時間がかかりすぎて、ノルマがこなせない。

そんな現場に、コロナ後、待望の「新商品」が投入された。

「新・学資保険」。教育資金を準備するための保険商品だ。しかし、中身を見ると、ライバル他社の商品よりも返戻率（満期受取額／払込総額）が低い。

そこで一大キャンペーンが打ち出された。ドリカムのコンサートチケットの抽選を、応募シートに記入しただけで受けられる特典だ。

「保険に入らなくても、ドリカムが観られる！」。そんな営業トークができるわけだ。しかし、郵便局員のテンションは低い。なぜなら当選は1140組だけ。全国2万4000局にいる郵便局員がノルマ達成に動くので、当選確率は限りなく低い。

「おそらく保険に加入したお客さんさえも、チケットを手にすることはできない」

そうだ。ドリカムをタダで観るというドリームはカムトゥルー（実現）しない。そして、この妄想をかき立てるキャンペーンを打った郵政も王者奪還は夢と消える。

吉本興業と文春とテレビ局

グルだったヤツら
誰もおらへんでぇ

私は名誉毀損で訴えられたことがある。

相手は、当時、消費者金融最大手の武富士。経常利益2300億円を挙げ、メガバンクを上回って、金融界の頂点に君臨していた。

だが、その商売は手荒かった。家計が苦しいサラリーマンに高利で貸すわけだから、返済できなくなり、夜逃げや自己破産をする人も出てくる。それでも武富士は社員に軍隊式の訓練を徹底し、カネを貸し込んでいった。

それは、創業者の武井保雄会長（当時）が、東京・高島平の団地で、主婦をターゲットに始めた商売だった。

そこには鉄則があった。

「いい女には貸せ」

返せなくなったら、必ず「代返《だいへん》」をする男が現れるという。女を囲いたいから、代わりに返済するわけだ。社会の生々しい現実を見抜いたビジネスとも言える。

だからして、建前で商売をしている銀行は太刀打ちできない。

で、武富士特集の表紙は、砂漠の中にサラ金の看板が燦然《さんぜん》と輝いているデザインにした。

そして、タイトルをこう付けた。

「武富士、狂気の経営」

印刷直前の日曜日、編集部でゲラをチェックしていると、普段は休日出勤しない上司がやってきた。

「あのさ、ギリギリの作業中に悪いんだけど、このタイトル、変えられないかな?」

私はいぶかしげに返答する。

「何て?」

「例えば〝驚喜の経営〟とか」

私は大きくため息をついた。

「それって、この会社をポジティブに表現していますよね。社員も喜んで働いているって」

上司が眉間にしわを寄せる。

「じゃあ〝狂喜の経営〟は?」

私はクビを振った。

「まあ、武富士を知っている人からは嘲笑されるでしょうね」

ゲラを前に沈黙が続いた。結局、当初のタイトルを押し通した。

発売後、武富士がタイトルに対して、1000万円の名誉毀損裁判を起こしてきた。相手の弁護士はロス疑惑で三浦和義氏を弁護し、無罪判決を勝ち取った弘中惇一郎氏。薬害エイズ事件でも、安部英《たけし》医師の一審を無罪にして、「黒を白にする男」と呼ばれた敏腕弁護士だ。提訴されたことを聞いて、私は心の中でガッツポーズをした。

武富士の核心部を突いたと実感した瞬間だった。どうでもいい記事の裁判に、ここまで強力な布陣を敷いてこない。

こちらも、ビジネスの急所を突いていることは認識している。要するに訴訟は想定済みである。だから、膨大な取材を積み重ね、その中から慎重に選び抜いたファクトで記事を構成している。

「いい女には貸せ」という鉄則を書いた裏で、その問題を当の本人たちも含めて声を拾って歩いた。多くの証言は記事にしていない。

なぜ経済記者がそんな取材をするのか。それは経営の本質的な強さを見極める上で、確認しなければならない要素だからだ。

もちろん、「独裁」と言われた経営を、あらゆる角度から取材している。タイトルも、大量の「狂気の沙汰」とたとえられるファクトに裏付けされている。

法的にも万全の備えをしていた。そして法務部にも相談したが、サラリーマンだから、「記事化はリスクがある」と言うのがオチだ。名誉毀損の裁判に強い弁護士に直接、相談するしかない。

そこまで準備をしても、裁判の勝敗はやってみないとわからない。裁判官も人間なので、時代の流れや世論によって移ろう。

だが、取材と準備を怠らなければ、雑誌や出版社が潰れるような敗戦はない。名誉毀損は数十万〜数百万円で決着する。

法廷闘争の経験は、次の「勝負記事」を打ち込む時の教訓となる。そうして、まともなマスコミは、世に問うべきネタを仕込んでいる（ちなみに武富士訴訟は相手が途中で取り下げて不戦勝となった）。

で、ようやく本題に入る。

吉本興業の芸人、松本人志氏による『週刊文春』への名誉毀損訴訟である。

第一報から文春は法廷闘争を視野に入れて、報道の内容と順番を組み立てている（はずだ）。

まず第1弾の発売前、新幹線内で直撃取材が行われる。松本氏が「好きに書いてくださいよ」と言ったところまではいい。だが、出版差し止めの仮処分を申し立てなかったことで、勝負が大方、ついている。

そして、2023年12月27日に雑誌は発売され、ホテルのスイートルームでの飲み会で、複数の女性に性的行為を強要したと報じられる。その後、福岡で同様の飲み会を、後輩芸人に定期的に開かせていた構図が解き明かされる。

「セックス上納システム」

そう名付けられ、その後は女性の実名での告発が続き、女性を送り込んでいた芸人の懺悔のような告白も掲載された。

1月、松本氏は芸能活動の休止を発表、5億円超の訴訟を起こす。

いや、これ相当無理がありますよ。まあ、本人は引退を覚悟しているからいいのかもしれない。

問題は吉本興業である。

ちょっと対応がヤバすぎる。

第1弾の報道に対して、「報じられたような事実は一切ない」と全否定した。松本氏など芸人側の言葉を鵜呑みにし、さして調査をしないまま発信している。

そして、吉本芸人はテレビでこの問題を問われても、「真実はわからない」「裁判で明らかにされること」と避けて通る。それでは、視聴者の目には、松本氏の肩を持つ「グル」に見えてしまう。しかも、彼らの中に、同じ類いの過去があることも露見してくる。

そして、吉本芸人を起用し、この種の映像を垂れ流すテレビ局は、もっとヤバい立場にある。

テレビの転換点

松本氏は活動休止を告知する一方、フジテレビの番組に生出演をするとX（旧Twitter）で表明。だが、当のフジテレビが対応を協議、「出演はない」と訂正するドタバタ劇も起きた。

スポンサーも混乱している。アサヒビールや小林製薬などは、文春砲の直後、松本氏が（録画）出演する番組にCMは流したが、提供クレジットに社名を出さなかった。松本氏関連でCM続投を公言するのは高須クリニックぐらいだ。

いいんじゃない。昔の深夜のＣＭのように、消費者金融や怪しいホテルのＣＭばかり流せば。ただ、テレビ視聴の中心である高齢者層とはミスマッチを起こすが。

今後、番組企画に吉本のタレントを起用するハードルは、かなり上がった。ジャニタレもしかりだ。

この１年で、テレビの状況は大きく変わった。ある意味、熱意と能力がある若いテレビマンには、大きなチャンスが回ってきた。

独自の企画が通りやすい。優秀なはずだから一発逆転を期待する。

行川アイランド

動物もリストラ
逃げるが勝ちやな

列車の窓から、太陽に照らされた海が見えてくる。

車内にアナウンスが流れる。

「次は行川《なめがわ》アイランド」

着いた！　ここは南国パラダイスなのだ。ドアが開き、駅に降り立つ。太陽がまぶしい。

が、次の瞬間、現実を見る。

あれ？　ホームに人影がない。

って、誰も降りないのか！

無人駅に1人、ぽつんとたたずむ。

道路の向こう側に広がるのは、かつての巨大レジャー施設の駐車場だ。広大なスペースにクルマはゼロ。一時は年117万人が訪れた千葉県の勝浦にあるこの動物園施設は、2001年に閉園となり、廃墟と化している。駐車場に錆びたドラム缶が転がる。

敷地にはロープが張ってあるが、長すぎてロープがたるんで、地面から10センチメートルぐらいの高さしかない。またがせてもらう。

その先に進むと、海岸線にある施設に抜けるトンネルがある。だが、そこには鉄格子が張られていた。

「立入禁止　無断で立ち入った場合は警察に通報します」

うむ。入るなということか。だけど、ドアにカギがかかってないじゃん。なら、中に管理人さんがいるだろうから、その人と交渉するために入ることにしよう。

そもそも、私は覗《のぞ》き見趣味でここに来たのではない。

20年以上前の夏のこと。その日もうだるような暑さだった。「閉園」の噂を聞きつけた私は、南国パラダイスをコンセプトにしたこのレジャー施設を訪れた。ざっと施設を見て回ったあと、事務所のドアを叩いた。対応者として出てきたのは、当時の園長だった。

なぜ、閉園するの？

そう質問すると、彼はネクタイ姿でポツリポツリと答えてくれた。黒縁メガネをかけ、朴訥《ぼくとつ》とした話しぶりが印象的だった。

「37年間、ほとんどリニューアルできなかったんですよ。だから、お客さんが一度は足を運んでくれても、設備が古くなるばかりで、何も目新しいものがなくて……」

そう言って、力なく笑った。

そうだ。彼はそもそも、動物園の専門家ではない。親会社である上場金属メーカーに勤務する、堅実なサラリーマンだったのだ。

しかも、彼は本業の金属部門を歩んできた。それが60歳を手前にして、突然、グループ会社のこの施設の園長に就任する。

その時すでに、行川アイランドは斜陽の道を歩んでいた。

「じつは、私がここに来る前に、一度、破綻してるんですよ」。1976年に会社更生法を申請した過去がある。それ以来、1回も黒字にならなかった。入場者数は最盛期の6分の1まで落ち込んだ。200人いた従業員を50人まで減らすリストラを断行したが、ついに力尽きた。

フラミンゴ1本足打法

閉園の決定打は、人気を誇ったフラミンゴショーに陰りが見えたことだった。

「ここに来て、フラミンゴの動きが鈍くなってきましてね。亡くなることもある」

そういえば、フラミンゴのショーを見たが、どことなく元気がなかった。100羽近いフラミンゴを飼育員が追い立てるようにして動かしている。

「あれ、開園からずっと同じフラミンゴが演技しているんです。もう37年も経ってるでしょ。で、文献によると、寿命が25年から50年くらいなんですね」

なるほど。ということは、代替わりが近い。しかしフラミンゴの繁殖は難しく、過去に数羽しか成功していないという。購入するとなると1羽50万円として5000万円の資金が必要となる。

だが、そんな巨額の投資をする余力はない。

「振り返ってみれば、フラミンゴに頼りすぎてしまいました」

え、どういうこと？

「かつては、ゾウやキリンもいたんですよ。でも、飼育に人とカネがかかるんで」

なるほど、それで動物もリストラされていったわけだ。

ヤギは残っていたが、動きは鈍かった。柵の横には、エサを販売するガチャガチャがある。100円玉を入れて、ガチャンとエサを出した瞬間、ヤギが振り向いた。そのまま突進してきて、柵の間から首を出す。

クジャクもそうだ。ダイビングショーは過酷を極めたという。

「そもそも、クジャクって飛ばないんで」

は？　でも、行川アイランドでは空を舞っているではないか。

「だから、あれは崖の上から突き落としている格好になってるんでね」

それって……。

「いや、もちろん、低いところから練習をさせているんですよ。エサをめがけて飛び降りる。そして、徐々に飛び出し台を高くしていく。でも、羽根が抜けたり、クジャクにかなりの負担がかかっていましてね」

なるほど。残った動物たちも決死の覚悟である。

「やっぱり苦しいんでしょうね。風に乗って、そのまま山の中に逃げてしまうこともある」

え、それって、どうするの？

「当然、クジャクを追って、山に捕まえに行きます」

くわー。動物も人間も、死に物狂いだわ。

【ミッキーにやられた】

房総の海に日が暮れる。園長がつぶやく。

「ちょっと、金属会社が手を出すような事業じゃなかったねえ」

そもそも本社の社長が、個人として始めた事業だったという。地元は盛り上がり、国鉄（現ＪＲ）が施設前に「行川アイランド駅」を設置、最盛期は１００万人を超える人が押し寄せた。だから経営が傾いても、地元から「残してほしい」という声が上がる。結局、企業グループの傘下に入れて存続を図ったが、素人集団の手に負える事業ではなかった。

「ディズニーランドができたのが痛かったねえ」

園長はそう振り返った。確かに、千葉のレジャー施設は、入場者数が振るわない原因をミッキーのせいにする。悪い慣習である。県南部の鴨川シーワールドは観光客で溢《あふ》れかえっているではないか。

その指摘に園長が首を振る。

「あれは本業ですから」

いや、園長、それなら最初から動物園をグループの傘下に置くの、やめようよお。

で、閉園の後、どうなったか。

フラミンゴたちは宮崎のシーガイアに引き取られていった。「ドナドナ」が聞こえてきそうだ。

施設は20年近く前に、別の上場企業に買い取られ、新たなリゾート施設が建設される計画だったが、いまだに着工されていない。

そして、巨大な廃墟は、今も海風を受けながらそびえている。

元気なのは、山に逃げ切った動物たちだけだ。彼らは、今もはつらつと房総半島を駆け回っている。

トヨタ自動車

裸の王様
下見る余裕なし

トヨタグループの不正が止まらない。あちこちで不正が行われている状態だ。

その構造をひもといてみたい。

うむ。早くもトヨタ自動車からの反論が聞こえてきそうだ。

「おい。トヨタじゃないぞ。不正が続くのはグループ会社だろ」

なるほど、巨大ピラミッドの頂点にいるから、全体が見えてない。

はっきり言わせてもらう。

トヨタの責任は大きい。

少なくとも、巨大企業グループの頂点に立つトヨタがまともなら、こんな事態は起きていない。

2021年、日野自動車の排ガスのデータ改ざんが発覚し、その影響で今期も赤字が止まらない。

2022年は、完全子会社のダイハツが30年以上も認証試験で大規模な不正を続けていたと判明する。

そして2023年、豊田自動織機が試験不正をしていたことが発覚した。トヨタの原点と言える会社だ。

続きすぎだっつうの！

私はトヨタの特集を2度、書いている。その際に経営陣の取材だけでなく、財務や歴史を調べ、トヨタや関係する多くの会社の現場を回った。

創業者、豊田佐吉氏が紡績機械を開発した頃の情熱は、今でもトヨタ産業技術記念館で感じることができる。昔の織機がそのまま保存され、今も動いている。

豊田自動織機は現在もトヨタの第2位の大株主で、第1位は日本マスタートラスト信託なので、顔の見える株主として存在感を保っている。

その豊田自動織機が、「トヨタの会議などで、性能に疑義が呈されることを懸念した」（特別調査委員会）という。

要は、トヨタを恐れているのだ。

特別調査委員会は、その原因を「無理な開発スケジュール」「上司に物が言えない企業風土」と指摘している。

ダイハツでも第三者委員会が、「ミスが許されない」という重圧があったと指摘している。

そしてトヨタ本体でも、「ヤリス」などのリコールが起きた。前輪と車体をつなぐ部品が耐久性不足で、降雪地帯を走ると、最悪、破断して走行不能になるという。

ヤバすぎる。

【コミュニケーション不全】

トヨタに君臨する豊田章男会長は裸の王様となっている。

2024年1月の記者会見でのこと。この日、世界販売が1123万台で4年連続の世界一になっていた。

それでも、不正の連続に、経営責任を問う声が上がる。豊田会長は完全子会社化したダイハツについて話が及ぶと、こう発言した。

「トヨタで精いっぱいで、見ていなかったというより、見られなかった」

えっ、忙しくて、見ることができる状況じゃなかったって……。

要するにデカすぎて、自分の目が届かないのだ。だから、無茶な数字を押しつけたり、納期を早めろと命じてしまったりするのではないか。

それを言われたピラミッドの下にいる人間は逆らうことができない。だって、コミュニケーション不全の体制なのだから。

で、その問題は、トヨタのピラミッドで次々と起きている。

トヨタの「下請け」の代表格、デンソーもリコールが止まらない。会見の4年前から始まり、その後も続いている。

デンソーは従業員16万人、売上高7・1兆円の巨大企業である。下請けの最上位に位置し、トヨタに直接、部品供給するティア1《ワン》（1次下請け）。豊田自動織機、アイシンと並んで「御三家」と呼ばれる。

そのデンソーと豊田自動織機がこの体たらくである。その下の2次下請け、さらにその下にぶら下がる工場はどうなっているのか。

じつは、今の事態は章男氏がトップになった頃から続いている。2009年、販売世界一だが、各国でリコールが相次いだ。

私はトヨタの企業城下町を歩いた。トヨタのコスト削減に耐えきれなくなった下請け工場に足を踏み入れる。ある下請け会社は売上高が3割減り、1000万円の当期利益が、逆に1000万円の赤字に転落していた。

炎天下、工場の門が閉ざされていた。電気が消え、動いている気配がない。人影も見えない。

ようやく、敷地内で経営者らしき人物を見つけた。

「社長さんですか？」

そう声をかけると、逃げるようにクルマで去って行った。

仕方なく、周囲に聞いて回る。

「いやあ、最近は工場の音も聞こえないですね」

この工場から部品を仕入れる大手部品メーカーに聞く。

「いや、うちは下請けさんまで守れる状況じゃないですよ」

こうした底辺を支える下請け工場が、トヨタとコミュニケーションを取れているとは考えにくい。だって、御三家やダイハツ、日野ですら物言えぬ状態なのだから。

【崩落寸前】

確かに、トヨタは「20世紀最強の製造業モデル」と言える。

「カイゼン」は世界共通語となった。自動車産業の母国、米国にも上陸した。

米GMと提携して米カリフォルニアの郊外に巨大工場NUMMIを建設したのは1980年代のこと。私はそこからケンタッキー工場、そしてテキサス工場と現場に乗り込み、幹部や従業員に話を聞いてきた。新しい工場ほど、トヨタイズムが浸透していた。

ケンタッキー工場に移籍してきた米国人幹部の言葉が忘れられない。

「みんな張（富士夫元会長）さんがすばらしかったたって言う。だから、その理由を聞いて回った」

米工場を立ち上げた張氏は、現場に座って「なぜですか」と問い続けた。決して否定や批判をしない。そして真因を見つけ出す。

だが、今は真逆となっている。ピラミッドの上に立ち、下を見る余裕すらない。

その土台は崩れ、直下のグループ企業も崩落寸前で、自らの組織にも危機が迫っている。

この期に及んで、豊田会長が「会社を作り直す覚悟」と言ってみても、空虚にしか聞こえない。問題のある現場に座るしかない。

それができないのなら、できるサイズに解体すべきだ。産業ピラミッドを壊し、更地に新たに築く。でなければ、トヨタグループは断絶を深めて崩落していく。

ＮＵＭＭＩは最後、工場閉鎖に追い込まれている。日本人工場長は本社に抵抗したが、最後は現場に伝えるしかなかった。米国人たちは最初は頭を抱えたが、次第に拍手が起きて、いつしか工場に響き渡った。職場は失っても、彼らは何かを得た実感があった。

結局、９割が閉鎖に同意、最後のカローラがラインから出てくると、従業員から万雷の拍手が湧いた。

工場は消えた。だが、モノづくりのイズムは人々の心に残った。

それでいいのかもしれない。

だが、もしトヨタが再建を目指すなら、まず現場に座り、「なぜ」を問い続けること以外に道はない。

トヨタ vs 東京海上

ビッグ2が対立？
否、もたれ合いです

「クルマを買うなら、ディーラーを紹介するからね。どこよりも安く買えるよ」

そんな話をよく耳にする。

んなわけないだろ。そう思っていた。うさんくさい話だと。

ところが今回、読者からこんな声が寄せられた。彼は東京海上の保険代理店に勤務するベテラン営業マン。怒りを通り越して、呆《あき》れている。

「損保会社の社員から、クルマを買う人を紹介してくれってプッシュがすごいんですよ」

で、代理店のメリットは？

「手数料とか謝礼がありますね」

で、クルマを買うお客さんにとっては、いいことあるの?

「まあ、ディーラーはそれなりに値引きするかもしれません。あと、キャッシュバックもあります」

え、まじか。

ネットを見ると、確かに「クルマ紹介制度」の情報が溢れている。大企業のグループ会社が、堂々と、クルマを購入する社員を勧誘している。

「7000円キャッシュバック」(大手外食チェーン)

車種に関係なく、新車を購入すれば現金が手に入ると謳《うた》う。それだけではない。

「一般のお客様とは差別化した、終始スムースで有利な商談が期待できます」(大手家電メーカー)、

「いきなり店長価格(店長による特別価格)から交渉を開始できる」(大手電力会社)

サイトには申込書が掲載されているケースも多い。名前や住所、希望車種、購入の予定時期などを記入する。注意書きで、こう記されている。

「お申し込みいただいた内容は自動車販売店、自動車メーカーおよび損害保険会社に提供させていただきます」(大手製薬メーカー)

なに! 個人情報がメーカーにまで報告されるのか。

申込書を出すと、近隣のディーラーから連絡がくる仕組みだ。交渉の末に買わなくても問題はない。

「じゃあ、この制度ってすばらしいじゃないか」

そう思ってしまう人もいるだろう。いやいや、この紹介制度、大きな構造問題をはらんでいる。

まず、くだんの保険営業マンは、こう指摘する。

「損保が、まるでトヨタの〝ポチ〟になっている」

損保本体が、代理店の営業員に対して、クルマを買う客の情報をかき集めるように指令を出す。

「トヨタのＭＩＲＡＩ（ミライ）は20万円のバックがある」

そんな噂も流れてくるという。ミライとは燃料電池で走るエコカーだが、価格は７００万円もする。

「トヨタにすれば戦略車だから必死なんだろう。でも、なんでトヨタのために代理店が必死こいて客を探さないといけないのか」

「店長価格」の嘘

保険営業マンが問題視するのは、紹介制度だけではない。損保の本業の利益を揺るがしかねない点まで、言いなりになっているという。

事故車の修理代金は、損保が支払うことになる。

「メーカー系列の正規ディーラーで修理すると、とにかく高い修理価格を保険会社に請求してくる。だが、損保にとっては、ディーラーは保険商品を売ってくれる大切な窓口でもある。だから、文句を言えない」

確かに、新車を買うときに、保険はどこの会社がいいか、気にしている人はほとんどいない。ディーラーの提案してきた会社でそのまま契約してしまう。

そうなると、東京海上なのか損保ジャパンなのか、はたまた三井住友海上なのか、それはディーラーの一存で決まることになる。

だから、損保はディーラーに文句など言えないのだ。

「だって、損保はビッグモーターにも修理代について何も言えなかったんですよ。相手が大手メーカー系列のディーラーだったら、もっと言えませんよ」

複雑である。損保からすると、保険を売ってもらっている手前、ディーラーや自動車メーカーに文句が言いにくい。だが自動車メーカー側から見ても、顧客の開拓に、損保のネットワークを利用している。

東京海上（損保）とトヨタ（自動車メーカー）、どっちがもたれかかっているのか？

1つ言えるのは、この構図のおかげで、おそらくクルマの価格は上がっていることだ。だって、消費者は、放っておけばディーラーに行ってクルマを買っているのだ。

それを、わざわざ損保会社（や代理店）が間に入って、「安くなる」と言って、申請書を書かせている。そして、損保側が紹介手数料をかすめている。そして、書かされた申請書の顧客情報は、保険会社からメーカー、そしてディーラーへとめぐっていく。この連絡にも手間がかかるし、キャッシュや景品などの「お礼」のやりとりもある。

そもそも、これだけのムダをして、さらに「店長価格」まで値下げをするわけだ。だとすれば、新車価格は、最初からふっかけて高く設定しておかざるをえない。商売の常識である。

「いやいや、紹介制度で来たって、じつは値引き額は変わらないいんだよ」

ディーラーはそう笑って否定するかもしれない。だとすると、大手企業が社員に向かって、割引制度を利用するように働きかけている際に言っている「値引き交渉で有利になる」という文言が大嘘だということになる。

クルマの価格が上がるだけではない。保険料だって上がっている。クルマの購入者をかき集めるために、保険営業員がこき使われている。さらに、ディーラーからは高い修理代が請求される。そうしたコストは、保険料に反映される。

抜けられぬグルの構図

それでも、損保と保険代理店は、クルマの購入者を紹介し続けなければならない。

クルマの販売と同時に、自社の保険を売ってくれなくなったら「一巻の終わり」、と怯《おび》えているからだ。ディーラーは巨大な保険販売所でもあるのだ。しかも、ベテラン保険営業マンからしてみれば、考えられないような手荒な売り方だという。

「ディーラーは、内容もよくわからないまま、適当に「高い自動車保険」を売りまくるからね」

なるほど。損保側から見れば、ディーラーは量をさばくだけでなく、利幅の大きい「おいしい保険」を売ってくれるわけか。

そうだ。要するに、すべてがもたれ合っている。巨大な自動車メーカーと損保会社、さらには代理店、ディーラーまでもが。

ヤバい構図だ。複雑にもたれ合いながら、ムダに仕事をし、書類やデータを積み上げる。それぞれが、儲けを乗っけていく。クルマと保険の値段はスパイラル状に上昇していく。

この流れを止めるには、損保はこう言うしかない。

「おい、メーカー、オレたちを頼らず、自分で売れよ」と。

だが、言えない。言ってしまえば、おそらく、メーカーからこう反撃を受ける。

「こら、損保、お前らの商品、ぜんぶ同じじゃねえか。真面目に作れよ」

痛い。痛すぎる。だから、言えないのだ。もし勇気を出して言ってしまった日には、もたれ合いの構図から自分だけがつまはじきにされる。複雑すぎて、すべてを解きほぐす糸口が見つけられない。

「うーむ。釈然とせんが、とりあえず、自分だけは儲けとくか」

すべてのプレーヤーがそう思っている。こりゃ、インフレ、止まんないわ。

第4章

強欲集団

カネがカネを呼ぶ
古《いにしえ》の時代から、人間の金銭欲は
とどまるところを知らない。
どこまでカネをかき集めれば
気が済むのか、
金満集団の実態を追う。

銀行と武富士

体育会っすから
めっちゃ手荒いっす

「カネ貸し」は、かつては人気がない職業だった。もっと率直に言ってしまえば、疎《うと》まれていた。シェークスピアの戯曲『ヴェニスの商人』に登場するカネ貸しのシャイロックは、返済できない人から、その人肉を抵当に取ろうとする。無慈悲で強欲な男――。それがカネ貸しのイメージである。利子を取る行為を禁止した宗教も少なくない。

ところが「現代のカネ貸し」である銀行は、「立派な企業」というイメージが定着している。そんな歴史的逆転の起源はわからない。だが、どんな手法でイメージを覆し続けているのか、その一端を垣間見ることができる。

私が就職活動をしていた1980年代後半はバブル経済の最盛期で、多くの学生が大手銀行を目指した。ある大手銀行には、同級生から二ケタの学生が入行していったが、その大半が体育会に属する学生だった。

数年後、その同級生と会った。彼はグレーのスーツに白いシャツ、そして地味なネクタイというういで立ちで現れた。胸には銀行の社章。短く刈り上げた頭髪は、体育会のときと変わらない。驚いたのは、真冬の寒風が吹く中で、コートを着ていないことだった。

「なんでコート、着ないの?」

「そんなん、禁止に決まってるやろ。そんなの着て、お客さんのところに行けんわ」

「いや、行けるでしょ」

「アホ言え。信用にかかわるやろ」

私はクビをひねった。

「……じゃあ雪が降っても、全員がコート、着ないのか?」

「当たり前や。まあ、支店に1着だけ備品があるけど、非常用だわな」

呆然と彼を見つめた。黒いピカピカの革かばんを手に提げた彼は、何一つ乱れのない、付け入る隙のない身なりだった。

そうだ、隙を与えてはいけないのだ。真面目で誠実というイメージを崩さないためにガードしている。そこには、貪欲な「カネ貸し」のイメージは微塵も感じさせない。だが、どこまで身なりを整えても、「カネ貸し」の本質は何ら変わらない。カネが返せない人からは、大切な土地や建物を担保物件として取り上げる。保証人からも〝無慈悲〟に返済を迫る。

まるで決められた回数のスクワットを黙々とこなすように。「なぜ、そうするのか」などと理屈を考えてはいけない。それは、学生時代に先輩から「腕立て500回」と言われて（もちろん、合理的な理由はない）、それを黙々とこなすのと同じだ。いや、疑問など口にしたら鉄拳制裁である。そんな修羅場を何度か体験すれば、いつしか考えなくなる。そして、下級生に「腕立て500回！」と号令をかけるようになる。

「おい、今はそんなこと、体育会でもやってないぞ」

そんなご指摘が聞こえてくる。

そのとおりである。今の時代、そんな練習に若い学生がついてくるはずがない。だから科学的トレーニングを取り入れ、個別の選手ごとにメニューを変える。

ところが、銀行にはそういう変化は起きていない。結果、メガバンク・信託銀行に入行した人の約3割が3年以内に退職してしまう。

私が、銀行のイメージと実態とのギャップを指摘するのは、そこに犠牲者がいるからだ。

もし銀行が最初から、「手荒い集団」というシャイロック的な本質を少しでも臭わせてくれていたら、経営者はカネを借りる際にビビるはずである。例えば、かつての消費者金融（通称サラ金）のようなイメージだったら、「ここからは、あまり借りすぎないようにしよう」と考えることもできる。

かつての消費者金融最大手、武富士は獰猛《どうもう》な会社だった。ピーク時には経常利益2300億円を挙げ、メガバンクを上回って金融業界トップに君臨した。

当時、消費者金融大手の金利は約30％。それを個人に無担保で貸すのだが、生活資金に困った人が多いため、自己破産に陥ったり、自殺に追い込まれる人も出る。そうして社会問題になるたびに、業界各社は、社員教育を厳しくしてイメージ向上をはかった。

社員にスーツと白いワイシャツを着せ、髪の毛は耳にかからないよう指導。女性が指輪をつけることすら禁止した。研修では一日中、挨拶の練習をさせ、人に会った瞬間に頭を下げる習慣を体に染み込ませた。武富士本社のフロアに入ると、全員が総立ちで「いらっしゃいませ」と頭を下げる。

「体育会」「軍隊」と揶揄《やゆ》された。それは銀行のイメージ戦略と瓜二つだ。それはそうだ。「カネ貸し」の本質を見せないという、同じ目的を持った戦略なのだから。

銀行が生き残る道

最近の消費者金融大手は、返済不能に陥る人を減らすべく、顧客の収入や他社からの借入額などのデータを基に貸付限度額を厳格に判断する「自動与信システム」を構築し、その精度を高めている。返済可能なギリギリの金額を貸すため、計算システムを磨き上げているわけだ。

それは、銀行が推し進めてきたスコアリング（点数化）による融資判断の流れと軌を一にする。貸すかどうかの判断は、現場の銀行員ではなくて、システムが行うように変遷してきた。

つまり、金融はインフラ化してきている。貸し手と借り手を自動的につなぐことは、ネット社会における当然の帰結と言える。

このシステム化を突き詰めれば、銀行は不要になる。すぐに消滅するとは言わないが、少なくとも、今の規模と形態で銀行が残っていくことはないだろう。

変革の道は2つ考えられる。

1つは優秀な行員の能力をフルに使う道だ。思考停止になっている行員の個の力を尊重し、企業や住民のコンサルとして、一緒にビジネスや人生設計を考え抜く。AIとロボットを超える未来を創るには、人の英知を結集するしかない。ただし、この任務にかなう銀行員の数は限られるが。

もう1つは、サービス業化だろう。コンビニのような店舗、ドライブスルーATM、移動店舗……。じつは、こうしたアイデアはすでに大垣共立銀行が実現している。若い銀行員を先進サービス企業に出向させて、ノウハウを学び取らせ、サービス業化を進めた。頭取自らも金融商品を生み出した。

「シングルマザー応援ローン」。それは借り入れが難しい、単身で子育てをしている女性に向けた優遇ローンだ。子育てに邁進しているシングルマザーが返済を怠ることはない……。そこを支援すれば、少子高齢化が叫ばれる未来に、変化をもたらすかもしれない。こうした社会を変えうる発想と、そこにあえてカネを流す胆力にこそ、「銀行の存在意義」がある。

アムウェイとネットワークビジネス

世の中やっぱねずみ算式よ！

私は原稿を喫茶店で書くようにしている。すると、いやでも聞こえてくるのが、大きい声で話すマダムたちの会話だ。

先日も「あの話」が店内に響きわたっていた。

「世の中って、絶対に儲かる仕組みってあるのよねえ」

チラッと見る。バッチリ化粧をしたマダムが、知人を前にして、自信たっぷりに話している。

「え、それ大丈夫？」

「って思うでしょ。私も最初は疑って勉強したわよ。先生に質問してさ。家にもお邪魔して、確信したわ。世界が違うのよ」

知人は黙ってお茶を飲む。

「奥さんも親戚もやってるのよ。で、みんな余裕なわけ。冬は全員、ハワイに飛んで、コンドミニアムで過ごしてるからね」

「で、どういう仕組みなの?」

「私も勉強中だから、まず100万円やってみる。それで、詳しくなったら話すね」

「なんで100万円かかるの?」

「最低限の投資よ。そういう仕組みなの。そんなの何百倍、何千倍になって返ってくるんだから」

怪しい話である。1つ言えることは、「絶対に儲かる」なんて都合のいい話が、世の中に転がっていないことだ。超低利の普通預金でも銀行破綻というリスクがある。そんな中で、百倍、千倍を狙う投資は超高リスクである。まあ、字のごとく、「投(げる)資(金)」、つまり「投げ銭」になるだろう。

おそらく、マダムの100万円は返ってこない。

「それは犯罪じゃないか。なんで、止めてやらないんだ!」

そんなお叱りの声もあるだろう。だが、残念ながら、これは犯罪行為ではない。元締めが特殊詐欺グループ「ルフィ」のような人物なら別だが、合法的なビジネスとして成立しているケースが多い。

夢の生活を見せて、会員を増やしてカネを投じさせる。そのカネは組織ピラミッドの頂点に位置する一部の人に集中配分される。

私は、そんなネットワークビジネスを長らく見続けてきた。

原点は、やはり喫茶店だった。

「夢の生活」の虚構

新人記者時代、ＰＲ会社の女性社員と喫茶店で会った。それまで、中小企業の情報を提供してくれていた彼女は、この日、席に座るなり洗剤の話を始めた。その洗剤は洗浄効果が高いという。どうやら、いつもの企業紹介ではなく、その洗剤を買う会員になれ、ということらしい。

「いや、自分で洗濯しないんで」

そう言って、やんわりと断ろうとすると、奇怪な話を始めた。

「使わなくてもいいの。良さを周りの人に伝えれば、今の会社より高い収入が入るから」

「いや、そもそも、その良さがわからないから、友人に伝えられないしなあ。キックバックがあるなんて、後ろめたいし……」

その瞬間の彼女の冷めた表情が忘れられない。すぐに伝票をつかんで立ち上がり、出て行った。それがアムウェイとの出会いだった。

それから、私は日本アムウェイの本社に通うようになった。当時は上場企業だったので、決算発表や会見を開く。だが、「怪しい」という風評から、大手メディアの記者はほとんど参加しない。

いつしか私は歓待を受けるようになった。なにせ、熱心に通い、質問を続けるのだから。そして、一緒に飲みに行くようになり、本音も聞けるようになった。

パーティーにも出席させてもらった。広い会場に幹部やディストリビューター（販売員）が出席する。

私のテーブルの女性は、分厚いアルバムを見せてくれた。国内と米国に豪邸があり、プールで泳いだり、ワイングラスを傾ける写真が並ぶ。

夢の生活を見せつけるのである。

私は分析記事を書くため、約10年間、あらゆるネットワークビジネスに顔を出した（もちろん、会員にはなっていない）。そこには、さまざまな商品があった。せっけん・洗剤、化粧品、サプリ、健康飲料、浄水器、羽毛布団などなど。

商品には共通の特徴がある。費用対効果がわかりにくいのだ。高額でも「効果がある」と言えば、真偽を確かめることが難しい。

あるセミナーで、トップ販売員がこんな説明をしていた。

「このサプリ、ほかの商品に比べて高すぎる。そういうバカなことを言う人がいます。そういう人には、こう言ってください。あなたが赤いフェラーリに乗っていて、赤いカローラに乗っている人に「同じ赤いクルマだね」って言われたら怒るでしょ、って。同じにされちゃ困るんですよ」

え、そのたとえ話、ヤバいでしょ。苦笑いをしながら横を見ると、みな、まじめな顔でうなずいている。

マジか。彼らはそう言って売り込んでいくのか。これでは議論のすり替えではないか。

だが、彼らにとっては、そんなことはどうでもいい。手っ取り早く、自分の傘下に人を集めるトーク術がほしいのである。納得しない人は「はい、さようなら」だ。

マネーゲーム

そんなネットワークビジネスの収益構造をひもとくカギがある。アムウェイは上場時、財務諸表を公開していた。それを時系列で見ると、売上高を10として、原価3、販売手数料3、その他コスト2、という比率を続けている。ほぼブレない。販売員への報奨は約3割で固定されている。ちなみに同様の商品を扱うメーカーの平均原価率は5割程度。アムウェイ製品の価格が高いのは、多額のボーナスを支払うためとも読める。

そのボーナスも、組織ピラミッドの上位層に集中的に投下する。集中的な配分で「夢の生活」をする成功者を見せつけるのだ。

おおまかに言うと、自分が勧誘した販売員グループが月間に100万円を大きく超える売上実績を挙げられるようになれば、自身の年収が数百万円に達するレベルに手が届く。そこから上に行けば、アムウェイの仕事だけで生活できる（かもしれない）。

「目の前にニンジンをぶら下げて走らせる。だから（会社が）急成長できる。一方でマネーゲームになりやすく、ボーナス目当ての無理な販売や在庫を抱えるトラブルが発生しやすい」（業界団体幹部）

社会問題になっても、このビジネスは永遠に消えない。なぜならば、「楽をして、ぜいたくな生活がしたい」という人々の夢が消えることはないからだ。

だからして、100万円を払って夢を追うマダムは、これからも現れる。横で私は「そのカネで

2000回、コーヒーが飲めるのに」とソロバンをはじく。

だが、それは2000回、原稿を書き続けることを意味する。一方、マダムは札束が1000倍になる夢を見る。

どっちのカネの使い方がいいのか、それは私にもわからない。

ヨドバシvsビック

駅前最終戦争 ホームで激突か

ヨドバシカメラの池袋進出は、その猪突猛進ぶりに大騒動が巻き起こった。そごう・西武の旗艦店「西武池袋本店」の地下1階から6階までに入店する計画が発表され、その勢いに押されてヴィトンやシャネル、グッチが遠い場所に追いやられる。

「文化の街という取り組みをぶち壊す」

計画を知った豊島区長はそう激怒し、反対する労組関係者はストライキまで打って抵抗した。

だが、ヨドバシ誘致は撤回されることなく、スクラムはぐいぐいと前に進んだ。この騒動は最初から勝負がついていた。所有者だったセブン&アイHDは赤字を垂れ流す百貨店を立て直せない。新たな所有者となった米ファンドは金儲けが生業《なりわい》であり、早々にヨドバシと交渉して、この駅前百貨店を引き渡して「売却益」を確保した。

反対派は勢いを失っていった。急先鋒の豊島区長が85歳で亡くなり、後任の女性区長は、「行政が申し上げる立場ではない」とトーンダウン。労組もストライキがやっとだった。ヨドバシと米ファンドがスクラムを組み、押し切っての完勝だった。

勢いを増す家電量販店と、斜陽の道をくだる百貨店――。

ヨドバシの駅直結の巨大店が、近く誕生する。

そして、家電量販「最終戦争」の火蓋が切って落とされる。

敵陣襲撃の応酬

池袋は天敵《ライバル》ビックカメラの本拠地だ。

1978年に池袋に進出したビックは、池袋に6店もの店舗を集中出店し、その勢いでヨドバシの本拠地、新宿を攻め続けてきた。

戦闘が本格化したのは2001年、新宿・小田急ハルクにビックが出店したことだった。新宿駅から遊歩道で直結する小田急ハルクの2階を入口に、6階まで入店した。新宿西口が本丸だったヨドバシにとって、自分より駅近に巨大店を出される奇襲を受けた形だ。

その後、大阪や福岡など主要都市でも激突するビックとヨドバシ。私はこの2社を中心に、家電量販店の経営をバックヤードに潜入しながら取材してきた。

この2社は、他の家電量販店とは一線を画す。かつての家電店は、駅前といっても、商店街の中にあった。その典型例が1970年代に業界トップだった第一家庭電器だ。都心部では秋葉原駅の電気街が集客力を高め、地方では大型チェーン店が増えていく。現在のヤマダやコジマ、ケーズ、ベストなどだ。

ところが、こうした流れとまったく源流が違うのがビックとヨドバシだ。社名が示すように、カメラ販売からスタートしている。

戦後、新宿西口の淀橋浄水場近くでカメラ店を始めた藤沢昭和（ヨドバシ創業者）は、リヤカーでカメラを買い付けに行った。だが「世界のニコン」は相手にしてくれない。卸業者や流通に睨《にら》みをきかせ、値引き販売を許さない。

だが、製造がだぶつくと、決算期末に現金を持って工場まで買い付けに来る男に販売することになる。年々その取引は拡大、それがカメラ専門店の台頭となった。

遅れて、群馬から新井隆二（ビック創業者）が上京、池袋を拠点に、テレビCMで「3割、4割引きは当たり前！」と連呼する。

彼らカメラ系の強みは、中間流通を排した激安販売と、駅前という好立地の確保だった。

なぜ、地価が高い駅前で、安売り販売が成り立つのか。

じつは、カメラは薄利で売っても、三脚やストラップ、電池など周辺機器や小物の粗利が高い。彼らがポイント還元制度を始めた狙いは、カメラで貯まったポイントを周辺機器に使わせ、消費の連鎖を引き起こすことにある。

パソコンをいち早く販売し始めたのも同じ理由だ。パソコンは薄利でも、周辺機器の利幅が厚い。だから商品アイテムを次々と広げていく。自転車やおもちゃ、酒、羽毛布団まで売る狙いは、利益率の平準化にある。そして、駅前なので、通勤通学の人々が電池やフィルムなどの消耗品を買っていく。

そうだ。駅の雑踏にいる人々を、いかにして店舗に引き入れるか、その仕掛けこそが利益を高める最大のポイントなのだ。

21世紀になると、大手家電店の氷河期がやってくる。第一家電が倒産し、東京・秋葉原や大阪・日本橋といった家電街に閑古鳥が鳴く。一方、ビックとヨドバシは破竹の勢いで駅前出店を続けた。しかも、改札に近づいていく。

2001年、有楽町駅前の巨大百貨店「そごう東京店」跡にビックが開店する。地下2階から地上6階まで一棟まるごと売り場を展開。1階はJRの改札を出てすぐに入口がある。地下鉄改札を出ると、目の前に地下入口がある。

ビル1階の南北両端は、入口の扉を大きくぶち抜き、丸の内のサラリーマンが駅へ向かう「通勤大通り」にしてしまった。雨に濡れず、夏も冷房の効いた中を歩いて改札に向かえる。そこに携帯電話や大型テレビを展示して、客の購買意欲を刺激する。

大阪でも、百貨店跡地にビックなんば店をオープン。地元の家電店は「値引き交渉が好きな関西人に、ポイント還元なんて受け入れられない」と鼻で笑っていたが、そんな声も圧倒的な客数の前に吹き飛んでいった。

最終決戦

ビックとヨドバシ、外から見ると同じような店に見えるが、バックヤードに入ると、真逆の店づくりであることがわかる。

ヨドバシの店舗は、梅田店に象徴されるように、更地を調達して、ビルを設計し、巨大店を建設している。トラックに積む商品荷台のサイズに合わせてエレベーターも設置しているので、商品は荷台のまま各フロアに運ぶことができる。

一方のビックは、百貨店だった建物をそのまま利用するため、従業員が使えるエレベーターは狭い。そこで、従業員が商品を抱えて階段を駆け上がっている。

「3歩以上は走れ」

それがビックの合い言葉だ。バックヤードで社員は常にダッシュしている。衝突防止のため、黄色いテープで停止線を引いている。

店の運営が真逆のライバル。

だが、ヨドバシは念願だった敵地・池袋に攻め込むに当たって、百貨店の店舗を使う。これまでのような効率的な店舗設計はできない。ビック方式の力業《ちからわざ》でいくか、それとも大改築に打って出るか。いずれにしても苛烈な戦いになる。

そして、2社はこれからも駅改札に近い場所の争奪戦を繰り広げる。しかも何でも売る。おそらく、最前列にカメラは置いていない。

それでも、日本の主要駅は、改札を出ると「カメラ屋」がある。おそらく、外国人観光客にとってはアメージングだ。

彼らは「その先」の戦いを視野に入れているはずだ。駅ビルすら占拠したのだから、あとはホームで売るしかない。うむ。やつらなら、やりかねない。

ＥーＥとバブル紳士

みんな泡にまみれたいやろが

「景気が良くなんねえなあ」

そう嘆く社長は多い。いや、社長だけではない。大企業から中小企業まで、50代後半以上のオヤジ（私も含む）は、高い確率で「経済状態が悪い」と思っている。

「昔はタクシーがつかまらなくて、1万円札をヒラヒラさせて停めたよなあ」

彼らの頭に焼き付いているのは、1980年代のバブル景気である。

だが、残念ながら、いくら待っても大波はやってこない。バブル景気とは、一般の景気循環とまったく違う。実質価値より価格が大きく超えて上昇している状態を指すものであり、そうなると、みんなが「われ先に」と買いに走るので、さらに価格が高騰する。そして、いつか夢がはじけ、経済が壊滅的な打撃を受ける。バブルは順ぐりにめぐってくるものではないし、そもそもめぐらせてはならない。

悪魔の錬金術師

私はかつて『真説 バブル』（共著、日経BP社、2000年）を書くため、1年半にわたってバブル経済について調査・取材をした。バブル経済はカオスであり、集団的陶酔状態でもある。人々は正常な判断ができない。そして、そこには必ず、異常な状態に導いている人物がいる。

経済学者のガルブレイスはバブル経済の歴史を検証し、先導者の存在を指摘した。カネ集めに長けた「悪魔の錬金術師」が登場するというのだ。

1980年代の日本のバブル経済にも、そんな男たちがいた。

「バブル四天王」。そう呼ばれたのは、麻布自動車の渡辺喜太郎氏、第一不動産の佐藤行雄氏、秀和の小林茂氏、そしてEIEインターナショナルの高橋治則氏だ。

彼らはそれぞれ数千億円から兆円単位のカネを動かしていた。不動産を転がし、銀行を手玉に取った彼らは多くの逸話を残している。

「社員旅行先はサイパン。専用ジェットを飛ばし、日本から花火師まで連れていった」「銀座のクラブを200万円で貸し切りにして、ママと風呂に入っていた」

中でも伝説的な男は高橋氏だろう。長銀などの金融機関から2兆円ものカネを借りて、世界の高級リゾートや一流ホテル、大学、ゴルフ場などを買いあさった。

慶應大学卒で、日本航空に入社、血縁に元長銀頭取がいたこともあって、バブル紳士の中では毛並みが良い人物とみられた。

だから、80年代後半、高橋氏が株式上場を目指すと、銀行がこぞってメインバンクの座を狙った。結果は、慶大出身の長銀マンが高橋氏に食い込んで勝利する。その頃、栃木に高橋氏のゴルフ場が完成、会員権は450万円から3000万円に跳ね上がった。その後、国内に次々とゴルフ場を造り、そのたびに会員権が数千万円で売れていった。

「日銀は1万円札しか刷れない。でも、私は1億円札が刷れるんですよ」

高橋氏はそう豪語した。

その1億円札こそが「環太平洋リゾート会員権」だった。EIEのリゾートを使える会員権を、億単位の価格で売り出す計画だった。そのため3機の自家用ジェットを購入。豪華な内装の機内で、シャンパンを飲みながら南の島に飛ぶ。このホテル買い占めツアーに、金融関係者や政治家が同行した。そして、即決に近い形で100億円単位の買い物に融資をしていった。

サイパンの最高級ホテル、ハイアット・リージェンシー・サイパンを皮切りに、「南太平洋最高のリゾート」と称された豪サンクチュアリー・コーブ、ハワイ高級リゾートなどを手にしていく。80年代後半だけで長銀は約5000億円を高橋氏のグループに注ぎ込む。

要するに、カネは膨らませたもの勝ちなのだ。リゾート構想なる大風呂敷を広げて、金額を膨らませていく。倍々ゲームである。どこの銀行も、貸し出し競争に負けじとマネーを注ぎ込んでいった。

だが中身は空っぽだった。高橋氏の部下にこっそり資産一覧を見せてもらったことがある。そこには物件名と買収額こそ記載されていたが、売上高や利益の数字が見当たらない。部下はこう解説した。

「それは、はっきり言って売上高がほとんどないからです。あれば書きますよ」

え、売上がない……。2兆円を使って買いあさった施設が、最盛期でも売上高は数十億円……。ということは、巨額の借金の利払いすらできないのでは。

責任転嫁の論理

そして90年代、バブル経済が崩壊する。慌てた長銀はＥＩＥグループに役員を送り込み、資産売却を進めるが、価格暴落でほとんど回収できなかった。結果、名門バンクの長銀は、１９９８年にあえなく破綻し、高橋氏の会社も破産宣告を受け、自身も背任罪に問われることになる。

だが当時、高橋氏を訪ねて元赤坂のオフィスに行くと、彼は悠然とデスクにふんぞり返っていた。

「あれは、銀行が勝手に貸し付けてきたものですからね」

はあ。でも、借りたのは高橋さんですよね？

当時、兄の高橋治之氏にも会いに行った。場所は築地の旧電通本社ビル。そう。五輪汚職事件で受託収賄罪に問われている電通元専務が実兄である。

治之氏はこう弟をかばった。

「周囲にはめられただけだ」

え、はめられた？　だって、銀行から借りたのは事実であり、その経営トップは弟の治則氏では？　だが、この兄弟に「責任」という文字はない。今回の五輪の贈収賄事件もそうだ。公職の立場にありながらスポンサー選定で便宜を図り、見返りにカネを受け取っていた。なのに「関わっていない」「公職とは知らなかった」という。

おそらく、スポーツの世界大会を日本に引っ張ってきてやったんだ、という思いが強いのだろう。スポーツにカネを出せ、と。

誰が払うって、スポンサーになりたい大企業だよ、大企業！　テレビ局も、もっと放映権料を出せよ。じゃないと、ほかの局に持ってくぞ。今はアマゾンやネット放送だってあるんだからな！

この豪腕によって、五輪やワールドカップなどの国際スポーツ大会は費用が吊り上げられている。つまり、バブル状態なのだ。

これからも、巨額の放映権料をテレビ局が払えず、視聴者である我々は、その都度、アマゾンプライムやらWOWOWやらに加入するかどうか、迷うことになる。

「地上波で流せるように、テレビ局が払えよ」という声もある。だが、問題はそう単純ではない。テレビ局が放映権を買うということは、広告を出している大企業が払っている構図なのだ。だから、商品価格が上がるなどして、結局は国民が「高すぎるスポーツ放映権料」を払うことになる。

その上、高橋氏は各企業にコンサルティング料を5000万円とか7000万円とか払わせている。やはり、バブルって、めぐってきちゃいかんでしょ。

ダイナム

驚愕の全公開！
パチンコ屋の裏側

駅前商店街のパチンコ店が潰れた。

かつては駅の反対側にもう1店あった。私がまだ小さい頃、父に連れられてよく行った。昔は、親がいればパチンコ店に入れたし、代打ちもできた。正式に許されていたわけではない。そもそも、この業界に「正式」という言葉は似合わない。なにせ、法的グレーゾーンが多い。

そのモヤモヤを吹き飛ばすように、大音量の軍艦マーチが、店の外まで響き渡っていた。ジャカジャカうるさいパチンコ台の音と、マイクを通したダミ声の「〇番台大当たり！」というアナウンスが迫力満点だった。

これは、日常の「祭り」である。

高度成長の勢いそのままに、男たちはまるで工場のラインに就いているかのように、パチンコ台に向かった。「余暇」「レジャー」という言葉が定着する前の時代、休日に家族をほっぽって、タバコをくわえてパチンコ台に向かう。

そのパチンコ店が、ついに駅前から消えてしまった。

跡地にはドラッグストアが入居し、スーパーから流れてくるような音楽が聞こえる。

……寂しい、寂しすぎる。

あの勢いはどこに行ったんだ。

デマと偏見

ネットゲーム、スマホゲームが興隆し、パチンコは現代の遺物になりつつある。

だからだろう、ネット上では、パチンコホール大手、ダイナムについて、こんな噂が溢れる。

「マジで出ない」「マシンが遠隔操作されている」「店がガラガラ」「経営危機で潰れる」

ちなみに、ダイナムは全国約400店を誇るパチンコ業界の代表企業で、香港市場に上場している。

だからだろう。パチンコ利用者の怒りの標的にもなりやすい。

気持ちはわかる。自分が玉を打ち切って、「ちっ」と舌打ちして立った瞬間、次の客が大当たり。

「おいおい、店が操作してるんじゃないか!」と怒りが湧く。

よく、ハリウッド映画で、カジノの胴元がディーラーに目配せをして、台の下のスイッチを作動させ、客を負けさせるやつだ。

いやいや、パチンコにそんな装置はあるはずない。そもそも、前の客に損をさせ、次の客に勝たせるなんて意味ないから。

でも、「ダイナムは店がガラガラ」という指摘は当たっている。

コロナ前の2019年度は貸玉収入が6657億円だったが、コロナ蔓延で翌期は4328億円へと35％減収、営業赤字に陥った。

だが、コロナ禍の中、翌年から増収を続け、黒字に回復している。いまだ赤字に苦しむパチンコホールが多い中では大健闘である。

で、私は、前述のネット上の噂に対してこう断言する。

デマです。

なぜ、言い切れるのかって？　裏側を見ているからっす。

きっかけは、ある記事をめぐるトラブルだった。ダイナムは香港で上場したが、その記事を後輩記者が書いた時のこと。

「わかっとらん」とダイナムの佐藤洋治社長（当時）が激怒した。

「上場した時の目論見書（有価証券説明書）を読んでないだろう」。そこで、私は佐藤社長と3時間近い会談をした。

「貸玉は債務なんでね、これを売上にするのはどうか、香港でずいぶん議論した」

つまり、客はまずカネを払って玉を借りて、遊技をする。だが、残った玉は95％が換金される。

「なので、国際的に見ると、粗利益（貸玉収入－換金額）を売上高とみるのが妥当である、と」

なるほど、日本独自の文化であるパチンコは、他国に例を見ないビジネスなのである。

でも、なぜ日本でなく、香港で上場したのか。日本ではいまだに、暴力団や北朝鮮にカネが流れているという偏見があるという。

「野村證券は武富士を上場させた時、街宣車に本社を囲まれた。またやられるんじゃないかということで、ノーだった」

え、上場すると裏社会にカネが流れなくなるから、上場に反対する人たちが暴力装置を発動するってこと？

「それは昔のイメージで、大変苦労しながら排除してきて、今は1円たりとも行っていない」

なるほど。それは「現場を見ればわかること」となった。

という次第で、前代未聞の「パチンコ店の裏側公開ツアー」が敢行された。これまで踏み込むことができなかった店の裏側をすべて見せてくれるというのだ。

午前9時、ＪＲ西日暮里駅に集合すると、ダイナム幹部数名とクルマで北関東の店に向かった。幹部はみな、大卒で店長経験者だ。

まず到着したのは茨城県の1円パチンコ店。従来の貸玉4円から値下げして、大当たり率も引き上げ、時間消費型の店にした。

店に入る。あれ？　えらい静かじゃないか。

「女性でも入りやすい店舗を目指してますから」

はあ。それで、店内の音楽をポップにして、しかも1台ごとに防音パネルまで設置しているのか。

商店街の象徴《シンボル》

一方、4円玉の店は昔ながらの大音量が流れ、客層も高齢男性がぐっと増える。

さて、肝心の不正防止も見せてもらった。パチンコ台はメーカーが製造時にROMで出玉確率を設定しているが、そこはいじれないように透明なカバーで覆われている。開ければ痕跡が残る。改ざんができない仕組みだ。

店内監視システムも万全で、事務所には監視カメラの画面が並び、パソコン画面には全パチンコ台の状況が詳細に表示されている。台の打ち玉や出玉の数、「入賞口」と呼ぶ穴に玉が入った回数、さらに台ごとの利益など、詳細な数値データを把握できる。

こりゃ、不正できないっす。

あとは、大当たりのスロット・リールが回る「入賞口」に玉が入る確率を調整する作業がある。これが、知る人ぞ知る「釘《くぎ》調整」である。営業終了後、台を開けて、ハンマーや専用工具を使って釘の角度などを微調整していく。

これだけ精緻に経営していれば、1店2店はヘマをこいても、400店あるダイナムは斜陽産業の中、最後まで残るだろう。

だからこそ、1つ不満がある。1円玉店で、法的なグレーゾーンを突かれないよう、目立たず静かにしているように見えてならない。

じゃなくて、軍艦マーチ、バンバンかけてほしいっす。

いや、はまっちゃダメっすよ。

でも、パチンコ店なら軍艦マーチをぶっ放してほしいっす。ギラギラの電飾と、大音量の「大当たり」アナウンスも必須でしょ。

だって、「ニッポンの商店街」の象徴的な存在なんだから。外国人観光客や子どもたちにも、その勇姿を見せつけるべく、ダイナム、ど派手にやってくれ。

第5章

国家の背徳

国の後ろ盾のもと、無謀な計画を
推し進める巨大企業群がある。
世界の大国が抱える巨大プロジェクトは、
果たしてどんな結末を迎えるのだろうか。

リニア新幹線（JR東海）

陸のコンコルド
脳内リニアな人々

リニア新幹線計画に疑念を持っている。

時速500キロメートルで東京―大阪間を1時間で結ぶと言われても、「それが、どうしたの？」という感じである。そもそも、名古屋まで開業するのは早くても10年後、大阪までとなると14年後だ（いや、実際には名古屋から10年はかかるだろう）。それに、10兆円もかけるのはいかがなものか。

どうやら私だけではなく、鉄ちゃん（鉄道マニア）もリニアにはあまり興味がないと聞く。9割近くはトンネル内を走るため、撮影することも難しい。乗ったところで旅情はまったくない。

山梨の実験線に試乗したことがある。半世紀以上もかけて開発してきただけに、走行は安定している。騒音も思ったよりは少ない。だが、車内は狭いし、窓の景色は暗闇ばかり。言ってみれば、高速の地下鉄といったところか。

やっぱ、いらないいんじゃね。

ところがJR東海の経営陣や社員は、「絶対に必要だ」と言い張る。いわく、「東海道新幹線だけでは心もとない」「地震などの災害時に、リニアがあれば輸送に使えるので安心である」と。

本当だろうか？

死骸も出てこない

今現在、東海道新幹線を利用していて、「遅くて使いものにならない」とか、「もっと速いダイヤが組めないのか」と思っている人はどれほどいるのだろうか。

リニアが完成したら東海道新幹線を廃止するならば、まだ少しは理解できる。だが、併存するというのだから意味がわからない。人口が減っていく中で、東京―大阪間の需要が2倍になるとでも思っているのだろうか。

地震が起きた際に、緊急輸送に使えるという理屈は、まったくもってナンセンスだ。そもそも、リニアに貨物車両は存在しない。また、南アルプスの地下を走ることになるが、そこには活断層がいくつも走っている。大震災が起きれば、断層のズレでトンネルが損傷するリスクも想定される。輸送どころか、復旧自体に相当の時間を要する可能性すらある。

JR東日本の元社長、松田昌士氏は「俺はリニアには乗らない」と断言していた。「だって、地下の深いところで事故に遭ってみなよ。死骸も出てこないわな」。

こうした不安の声に、ＪＲ東海側が真摯に向き合ってきたとは言いがたい。住民説明会に出たことがあるが、質問は１人３つまで。そこでマイクが取り上げられて、あとは壇上の社員が「慎重に進めてまいります」などと具体性を欠く回答をするばかりだった。会場からヤジと怒号が飛ぶ中、司会役の社員が途中で会を打ち切った。

工事への不安は、年々高まっている。４年ほど前、東京・調布の住宅街で道路が陥没したのは、外環道のトンネル工事の影響だったとわかった。同じシールド工法を採用しているリニアは大丈夫なのか——。そんな不安が、計画地の住民の間に広がっている。ちなみに、リニアは東京や神奈川、愛知の都心部や住宅街の地下を掘り進める計画で、田園調布といった高級住宅街の直下も通過する。

「どこまで工事が進んでいるのか、まったく見えてこない」。リニア新駅が設置される神奈川・相模原の住民は、不安を隠せない。

反対住民は、各地で土地を共同登記するなど、「立ち退き」を迫るＪＲ東海と全面対決する構えだ。

リニアのパートナー企業も、腰が引けている。

膨張する予算

ゼネコン大手４社がリニア談合事件で起訴されたのは２０１８年のこと。入札額を調整するために、ゼネコン側が事前に打ち合わせをしていたとされる。この構図だけを見ると、ＪＲ東海は「被害者」

ということになる。

だが、そうした伝統的な談合の構図は、このケースには当てはまらない。なぜなら、リニアの地下深くに造る新駅やトンネルは、超難工事となるため、事前に特定のゼネコンと打ち合わせて、工法や機械の開発を進めてきた。その費用はゼネコンが負担している。それなのに、いざ発注となった段階でほかのゼネコンにも入札をさせれば、準備コストをかけていない会社が安値を提示できる。

「リニア工事は割に合わない」

ゼネコンの経営陣からは、そんな声が聞こえる。

早々に撤退した会社もある。

三菱重工業はリニアの車体開発に航空機の技術を持ち込み、現在の実験線を実現させた立役者と言える。ところが、受注金額をめぐって大きなズレが生じ、すでに手を引いている。

そこまでしてパートナー企業を値切っても、予算額がジリジリと膨張してきている。3年前に1兆5000億円ほど膨らんで、ついに10兆円の大台に乗った。

リニア計画を推進してきたJR東海の元会長、葛西敬之氏が2022年、亡くなっている。ならば、いったん計画を見直してもいいのではないか？　だって、このまま進めて最短で10年後に完成したとしても、リニアの負債がJR東海の経営を崖っぷちに追い込んでしまう危険があるのだから。

「すでに公的資金を3兆円も投入しているんだから、今さら止められない」

そんな声が聞こえてくる。

でも、2027年の東京―名古屋間の開業予定も大幅に延期されることになり、総工費はとてつもない金額へと膨らむことは間違いない。こんなプロジェクトに、今後も巨額のカネ（公金も含む）を注ぎ続けるのだろうか。

「お前は暇だから、そんな戯《ざ》れ言《ごと》が言えるんだ」

うむ、そうかもしれない。

だが、そんなに時間を節約したいのなら、ネット会議のほうが効率はいいのではないか。

私は鉄道の将来を考えるとき、頭に浮かぶ風景がある。千葉の市街地から、外房に向かって山間部まで39キロメートルを走る小湊鐵道。その石川晋平社長がこう話していた。

「新幹線はどんどん速度を上げていくけど、こっちはそうはいかない。悔しいから速度を落としてやろうと思っているんですよ」

そう笑っていた石川社長は、本当に実現してしまった。しかも、車両の壁を取り払ったトロッコ列車を造って、時速20キロメートル程度で走らせる。列車がやってくると、地元の人が手を振って応える。乗客と地域がぐっと近づいた。そして、閑古鳥が鳴いていた山間の駅は、乗降客が2倍に増えた。

「鉄道会社って、引っ越しができないんですよ。だから、地域とともにやっていくしかない」と、石川社長は言う。

それでいいのだと思う。未来の交通機関は、大型ドローンになるのかもしれないし、イーロン・マスク氏が提唱する真空チューブ交通システムになるのかもしれない。

いずれにしても、今の交通機関とはまったく違った発想から生まれてくるのだろう。少なくとも、半世紀以上前に開発された、新幹線のリニア（直線的）な延長線上の乗り物ではないはずだ。

エネオス、アポロ
そんなに太らして
体に悪いんじゃね

岸田政権の経済政策はかなりヤバい。国民から次々と税金を搾り取り、それを取り巻きにばらまいて票につなげている。

その徹底した姿勢は、悪代官に近い。

中でも、悪質度が高いのがガソリンの補助金だ。

そもそも、インフレが激しい世の中にあって、なぜ、ガソリンだけ、「価格が上がったから、補助金を投じて安くする」のか。卵とか乳製品だって、とんでもなく値上がりしている。

つまり、政策の公正性、妥当性がまったくないのである。

しかも、その効果が疑問である。

補助金天国

ちなみに、すでにガソリン補助に6兆円ものカネが投じられている。これは、国民1人当たりにして5万円になる。4人家族なら、20万円を補助してもらったはずだ。

おいおい、そんなにもらった実感、まったくねえぞ！

このガソリン補助金、石油元売り会社に流されている。それを聞いた3年前から、こう思っていた。

あ、これは石油会社が懐《ふところ》に入れて終わるな、と。

だって、本気で国民を救う気ならば、直接、ガソリンを買った消費者に補助金を渡すはずでしょ。買った人に、「大変ですね、これで少しまかなってください」と言って渡すイメージだ。もちろん、手渡すのは無理なので、ガソリンスタンドのレシートを使って、年末調整で税還付をすればいいだけの話だ。極めてシンプルである。

なぜ、それをやらないのか。

それは、岸田首相が、石油会社の経営陣に恩を売りたいからだ。例えば、最大手のエネオスホールディングス（HD）は、前会長が石油連盟会長で、しかも経団連の副会長だった（ただし、沖縄でホステスの服を脱がせ、全治2週間の怪我を負わせて退任に追い込まれたが……）。

「お前、何を言い出すんだ。オレはガソリン価格を安くするためにやっているんだぞ！」

そう岸田首相が言い張るのなら、なぜ、開始から2年以上たっているのに、いまだ国民に直接、補助をする形に切り替えないのか。合理的な説明をしてもらいたい。

そもそもガソリン市場は、エネオスと出光興産（アポロ）の2社でシェア8割を占める寡占状態である。一方、全国2万数千店のガソリンスタンドは中小零細がひしめいている。売上高10兆円に達するエネオスＨＤなどの2大石油企業が圧倒的に優位な立場にある。

で、ガソリン価格は十分に安くなっているのか。

ガソリンスタンドの経営者に聞くと、「オレたちが悪者になっている」と憤る。

「お客さんから、補助金が入っているのに何で価格が上がるんだ、と文句を言われる。でも、元売りが建値（仕切り価格）を安くしなければ、無理な話ですよ」

十分安くなっているのでは？

「そりゃ、少しは安くなっているけど、補助金の分をすべて反映させているか、誰にもわかんないじゃないですか」

確かに。どうやったらわかる？

「まず、彼らの決算を見たらどうですか。巨額の黒字ですよ。もっと安くできるはずでしょ」

確かに、石油大手2社の決算を見ると、足元で数千億円というウハウハの営業利益を挙げている。エネオスＨＤは前期、営業利益が４６００億円に達した。これ、利益ですよ！　ちなみに出光も３４００億円の営業利益を上げている。

おい！　それでなんで、6兆円を超える補助金を流すんだよ。

そもそも、石油元売りは寡占状態だから、いとも容易に価格のコントロールができる。普通なら公正取引委員会が黙っていないような状態が、なぜ許されるのか。

要因は、石油業界の特異な歴史にある。それをたどってみると、いかに石油会社が「あぶく銭」を儲けているかわかってくる。

国の過保護と肥満化

石油産業は、原油開発という「上流」から、精製して製品化する「中流」、販売する「下流」へと、ピラミッド構造になっている。

そもそも日本の石油業界は中下流に企業が集中する。戦前は原油輸入の9割を米国に頼り、それが途絶されて戦争に突入し、敗戦を喫した。

戦後も石油メジャーからの輸入に頼り、中下流に多くの企業がひしめいた。そこに2度の石油ショックもあって、「石油業界を守る」というエネルギー安全保障の考え方が政官に強く根付いた。

つまり、エネルギー業界は、過保護にしてでも、守り抜こうというわけだ。

ガソリンスタンドは、かつては出店規制を敷いて保護していた。また、石油元売りも庇護し続けた。石油メジャーに太刀打ちできない競争力の低い企業群を、1980年代から官主導で再編して、企業規模を膨らませてきた。結果、1990年に13社あった石油元売り会社は、今では二強とコスモの3社に集約された。

その再編劇では、つねに巨大企業が優先された。その経緯を、エネルギー政策に詳しい橘川武郎・

国際大学学長はこう表現する。

「つねに、筋肉質の会社を、肥満体がのみ込む歴史だった」

収益力は低いが図体《ずうたい》だけは大きな企業が、高収益の中堅企業を吸収合併するわけだ。

それを可能にしたのが、２００９年に成立した、官主導の高度化法（エネルギー供給構造高度化法）だった。石油精製能力の削減を迫るもので、これによって、効率的な生産をしていた米エクソンモービルや英蘭ロイヤル・ダッチ・シェル（現シェル）が日本から撤退せざるをえなくなった。

その結果、エネオスと出光は努力することなく巨大企業と化した。今回のガソリン補助金は、そこに大量のエサを与えるようなもので、肥満化がさらに進むことになる。

いや、これほどひどい税金の使い方はないだろう。

しかも、ガソリンの価格って、半分近くは税金で占められている。

まず、「ガソリン税」と言われる「揮発油税」と「地方揮発油税」が乗っかり、さらに「石油石炭税」が加わる。そこに「地球温暖化対策税」まで上乗せされている。

そしてトドメは、これら税金も足した合計額に対しての消費税10％だ。

二重課税の典型であり、これをやめるだけで消費者は救われる。

それなのに岸田政権は「さらなる増税」と「肥満企業優遇」を続ける。

ヤバい。自分の保身と選挙のことしか考えていない。国民の痛みなど、お構いなしだ。

せめて、公用車のガソリン代ぐらい、自分の財布から払ってみろよ。あっ、その札束も税金から巻き上げた総理大臣給与か！　くー、ダメだ、こりゃ。

ビッグ3(米自動車大手)

アメリカの象徴
また潰れんじゃね

賃金を4割上げろ!

そう言って、GMやフォードをはじめとした米自動車メーカーの労働者が、2023年秋にストライキを打った。

「アメリカンドリームを守り抜く」。そんなプラカードを手に、抗議の声を上げる。

しかし、賃金4割アップってすごくね。4年間での数字だが、それでもドリームの世界だ。

対する会社の当初の回答は2割アップ。

「とってもいい提案だと思う」

GMのメアリー・バーラCEOはそう胸を張った。

ところが、アメリカの労働者は怒り狂った。

「ざけんな。てめえは4割アップして巨額の報酬じゃねえか」

なるほど、GMのバーラ氏は、4年で年俸が4割アップして2900万ドルになっている。日本円にして44億円である。ビッグ3（米自動車大手3社）のフォードとステランティス（クライスラー）のトップも年収が跳ね上がって30億〜40億円になっている。

くー、これは痛い。

なぜなら、彼らは大谷翔平ではないからだ。スポーツ選手や芸術家ならば、集まったカネは、ほぼ個人の功績と言える。巨額の報酬だとしても、羨望のまなざしで見られることはあっても、怒り出す集団は現れない。

が、会社となると話は別だ。好業績は誰の貢献によるものなのか。

「そりゃ、トップだろ」という声が、ちまたの社長から上がってきそうだ。ところが、個人主義の米国でも、圧倒的に労働者側への支持が高い。米大手調査会社ギャラップによると、米国民の67％が全米自動車労組（UAW）側を支持している。

だからだろう。なんとバイデン大統領がストに参加した。

「自動車産業を救ったのはあなたたちだ。大幅昇給に値する」

UAWの帽子を被ったバイデン氏がそうエールを送る。現職大統領の参加は初めてのこと。それだけ票を稼げると踏んだのだろう。

一方、ライバル、トランプ氏も黙っていない。自動車の街、デトロイトに乗り込んで演説する。金満経営者のはずだが、こちらも票が目当てだから労組を応援する。

「(バイデンの)EV推進策が自動車産業を暗殺する」

そう言って、自分こそが労働者を守る政治家だとアピールする。

EV(電気自動車)は部品点数が少なく、製造工程が減る。労働者にとっては、人員削減の恐怖がつきまとう。事実、米EV大手のテスラはビッグ3より人件費が3割ほど安い。

トランプ氏はこうぶち上げる。

「オレが大統領になれば、ガソリンエンジンを認めるぞ」

え、それって、時代を逆行させるってことでは……。

そもそも、賃金をそんなに急激に上げて、会社は大丈夫なのか？

この報道を聞いて、経営陣と労組、そして政治家、誰が正しいのかわかるだろうか？

じつは、この3者の複雑怪奇な構図は20世紀から続いている。

米国の敗北

1970年代、ビッグ3は日本車に猛追されると、経営が徐々に傾いていく。それでも経営陣は破格の年俸を取り、労組は賃上げを要求し、政治家は外交で圧力をかけて「自主規制」を日本に迫り、ビッグ3を守り続けた。

「国家が守ってくれる」。甘えの構図で、経営者も労働者もカネをむしり取り、クルマづくりは疎《おろそ》かになり、競争力が下がっていった。

その結果、2009年、GMとクライスラーが破綻（米連邦破産法11条適用を申請）する。

それは、20世紀の世界経済に君臨した「米国」の敗北でもあった。

私は破綻の前年からデトロイトで取材し、その瞬間を見届けた。

最初にデトロイトに取材に行った時、街はまだ静かだった。ビッグ3が破綻するはずはない――みな、そう思っていた。

だが、フォードの工場は車体が流れる速度が遅い。従業員は暇そうにスナック菓子を食べている。え、これが最新工場なのか……。その緩さは衝撃の光景だった。

それから数カ月、いよいよ資金繰りに窮したビッグ3は、国に資金援助を求める。ビッグ3の経営者が議会に呼ばれる。

それでも、デトロイトの人々は「最後は国が救う」と信じていた。

年末、議会が救済法案を否決する。その夜、私はGMの本社ビルにいた。だが、会見も開かれず、静まりかえったロビーに清掃員の掃除機の音だけが響いていた。

今、救済法案が否決されたけど。

彼は掃除機を放り投げた。

「なんでだよ」

破綻責任は国家

翌朝、街は混乱に陥っていた。フォード社員の妻は「組合はなんで譲歩して、話をつけなかったのか」と憤った。交渉に失敗した形のUAW委員長は、「議会が、こちらの妥協できる案をことごとく潰した」と吐き捨てる。だが、米政権は「自動車会社を救済すれば、他の企業からの援助が殺到する」と弁明する。

クライスラー工場の隣のビルに、生産調整で休暇になった男が、退屈そうに座っていた。

「(政治家は)考え直したほうがいい。オレたちが給料をもらうことで、国にも税金がたんまり入る。よく計算してみろよ」

そして、巨額の報酬を得ている経営者にも矛先を向ける。

「汗水たらして働いている者よりも、はるかに高給をもらっているヤツが多すぎた」

なるほど、国家と経営陣と従業員、3者が互いに批判する。だが、それぞれが自己利益を追求した結果、会社が傾いたのではないか。

巨額報酬を受け取っている経営陣は、労働者の賃上げや待遇改善要求を安易にのんでしまう。そんなコストは値上げで吸収できると思っているからだ。モノづくりの熱意は消えていった。

モーターショーで、ボンネットを開けた技術者がため息をつく。

「10年前と同じ部品だな……」

モデルチェンジをしても、中身を変えず、サイズだけを上げ、価格を高くする。

ピックアップトラックが米国で売れるのは、大型エンジンの割に、内装が少なく安いから。それをアメリカ人は割安と捉える。

それは、アメリカという社会を象徴している。

だから、今のストをテスラのイーロン・マスクCEOはこう評す。

「これは、ビッグ3を急速に破綻させる確実な方法だ」

そのとおりだろう。

で、前回の破綻時には、オバマ政権が救済した。

今回も救済されるって?

まあ、仏の顔も3度までだ。そして、おそらく国家による3度目の救済は「テスラ救済」だろう。

それで最後だ。そして、人間が運転する四輪車は消えていく。

私のドリームだ。アメリカンドリームよりは真っ当だと思うが。

恒大集団

倒産、認めないと
中国ごと転覆しね？

負債総額48兆円、債務超過13兆円——。

中国の不動産大手、恒大集団のニュースには、天文学的な数字が並ぶ。

映像もエグい。中国各都市の巨大プロジェクトがストップし、廃墟のような様子が流れてくる。

これが、どのような近未来を予言しているのか。

まず、この事態は「アクシデント」と呼べるような偶発事故ではないということだ。

もちろん、恒大集団の経営判断ミスはあった。

だが、不動産最大手の碧桂園《へきけいえん》まで、半期で1兆円もの最終赤字を出している。そして、2社とも決算を延期している。恒大集団はグループ企業の決算虚偽記載も表面化した。

つまり、中国の複数の不動産大手が、経営悪化に喘《あえ》いでいる。

おそらく中国は、バブル経済の崩壊過程にある。経済全体を歪めるほどの不動産価格の上昇があり、その修正として価格が急落している。その引き潮にのまれるように、巨大な経営体が崩れ去ろうとしている。

かなり深刻である。

ところがニュースでは、現地のリポーターが最後にこう言って締めくくる。

「中国政府がバックについています」

ん？　だから、破綻せずに経営が回復するとでも言いたいの？

もちろん、中国政府は経済破綻を回避しようと躍起になっている。だから、4年前に不動産価格の上昇を抑制するための融資制限をかけたわけだ。

だが、タイミングが遅すぎた。

国家の心臓マッサージ

恒大は保有不動産の大リストラに追い込まれ、翌2021年にはムーディーズに格付けを下から2番目のCaまで下げられている。

「破綻」と言える判定だ。私は社債の格付けアナリストをやっていた経験があるが、投資適格とされるのはトリプルB（Baa）まで。そこに満たない格付けとなれば、投資家はポートフォリオに組み込むことをためらう。

つまり、海外のまともな投資家は恒大にマネーを供給しない。

こうした海外の動きに呼応するかのように、中国内では恒大の資産運用商品を購入した投資家が、償還を求めて本社ビルに押しかけた。これに対して、恒大は現金での返済ができず、不動産による返済を提案した。要するにカネがないわけだ。

2022年に入ると、香港株式市場で恒大株が取引停止になる。CEOは預金流用で辞任。2023年になって2年ぶりに決算が発表されるが、11兆円の債務超過だった。

2023年8月、恒大は米国連邦破産法15条の適用を申請することになる。もう完璧に棺桶《かんおけ》の中っす。

しかし8月末、それでも蘇らせようと心臓マッサージが始まる。恒大からの要請によって香港市場で株取引が再開されたのだ。当然ながら、株価は80%近く下落し、時価総額はピーク時の10分の1になった。

すると、2024年になって香港高等法院が清算命令を出す。そのため、前年の米破産法申請は撤回し、今後、香港で管財人による再編計画を進めると見られる。

ここに至ると、もはや「中国政府がついている」などということは、何の意味もなさない。いや、それどころか、中国政府の執着が、問題を複雑にしている。

これまで中国は「社会主義市場経済」という不可思議な造語を使ってきた。「計画経済の中に市場経済を取り入れる」という主張だ。要するに、社会主義と資本主義の「いいとこ取り」を目指したわけだ。

しかし、現在起きていることは、「悪いとこ取り」である。

資本主義のアキレス腱は、上昇局面でみなが「価格が上がる」と強気になり、「バブル」を生み出すことだ。その泡が破裂すると、深刻な経済危機をもたらす。

経済学者のガルブレイスは著書『バブルの物語』（ダイヤモンド社、1991年）で、「ダメージの種が資本主義自体に内蔵されている」と記している。

その結末は、銀行券が紙くずと化す事態もありうる。ガルブレイスは著書で、米国の中央銀行が消滅した事態とバブル崩壊の相関を追っている。

1817年、野放図な州立銀行の銀行券発行を制御するため、米中央銀行（第二合衆国銀行）が設立される。だが、第二銀行は規制機関としてスタートしながら、結果的に不動産バブルを加速させ、1819年にバブルが崩壊する。第二銀行は廃止され、以降、長らく米国は中央銀行不在となる。

倒産が相次ぎ、銀行券が紙くずと化す……。

「パニック」。そう表現された。しかし、その後も、同じような不動産の高騰と暴落が繰り返されるが、次第に表現が柔らかくなっていく。

「恐慌」「不況」「景気後退」そして、「成長の調整」……。

それは、今の中国ともダブって見える。とにかく穏便に事をやり過ごそうとしている。

自国通貨の崩壊

だが、中国バブルの波は桁外れにデカい。

恒大の負債は48兆円あるが、大半は建設業者などへの未払い金である。つまり、破綻の影響は、金融機関だけでなく、広く産業界にダメージを与える。

銀行は救えても、建設会社まで救えるのか。さらにいえば、マンションを買った個人はどうなるのか。彼らは完成前にカネを恒大に払っている。中間層の怒りが爆発する危険すらはらむ。

要するに、中国共産党は大丈夫なのか、という話だ。しかも計画経済の中で起きていることだ。

かつての米国バブルは、各地の銀行券が紙くずになって収束した。

だが、中国の場合は中央銀行が発行した通貨だから、おいそれとチャラにはできない。国家転覆につながりかねないからだ。

悲観的すぎる?

いやいや、そんなことはない。だって、これまでの資本主義の歴史を振り返れば、バブルの後には必ず経済的混乱、つまり「パニック」が到来しているのだから(まあ、中国政府は「成長の調整」と言い張るだろうが)。

ただ、ダメージを極小化する手段が1つだけあるとガルブレイスは言っている。

それは「高度の懐疑主義」だ。

なるほど。しかるに、今すべきことは中国経済に懐疑の目を向けることではないか。中国のみなさんも、自国通貨を信じきっていると危ないよ。電子マネーの方がいいんじゃね。ガソリンスタンドでこう言ってみたら？

「1リットル10元？　そうじゃなくて、ビットコインで払うから、いくらや」と。

待てよ、日本も同じじゃないか？　ガソリンの値上がりが止まんないし。計画経済の中国ですらインフレで危ないんだから、日本も電子マネーや地域通貨の方が安全かもしれんぞ……。

わからない。だが、歴史の教訓に倣《なら》うなら、まず疑っとくに限るんじゃね。

岸田増税と巨大イベント

私の目は誤魔化せん まだ持っとるじゃろ

政治と経済政策がとんでもなくヤバい状況だ。まず、パーティー券の裏金問題もあって、政治への信用が地に落ちている。

そこにもってきて、日本のトップがヤバい。支持率は超低空飛行（普通、辞任だろ）、要するに国民の敵のような存在となっている。

「増税メガネ」

この岸田首相のニックネームは、かなり世間に浸透している。これまでも首相のニックネームとして「サメの脳ミソ」や「阿呆《あほう》太郎」、「イラ菅《かん》」といったキツい言葉が使われてきた。

「増税メガネ」は過去のニックネームよりもおとなしい。ところが、強力な破壊力を持っている。

つまり、このニックネームによって、彼の打ち出す政策はことごとく「真の意図」を国民に見透かされるようになった。

「ははあ、さては、また庶民からカネを搾り取るつもりか」

「国民のためとか言って、結局、政治家と官僚、大企業にカネを流す構図ね」と。

我々有権者はようやく、政治家の目くらまし政策を、その裏で狙っている思惑まで理解できるようになってきた。

悪代官政治

「色メガネで見る」という言葉がある。何かと先入観を持って物事を見ることを指す。

彼のメガネも、独特な見え方がするのだろう。そのレンズを通すと、庶民がカモに見えるのだ。だから、弱者から容赦なくカネを巻き上げる。そして、強い者にペコペコして渡す。そうすれば、自分を守ってくれる。

まるで、ジャイアンに対するスネ夫のような存在だ。

だが人間、通常は成長するにしたがい、「さすがにスネ夫はまずい」と考えるようになる。要するに生き方として格好悪いし、それでは社会が良くならない。

ところが、この御仁《ごじん》はそういう感覚が乏しい。というか、感じたとしても、自己防衛（中心）の本能の方が勝ってしまう。

就任直後から、もう増税のオンパレードである。

まず、防衛増税を財源不明のまま口にした。財界が消費増税を促すと、その声に反対しない。いや、ほっとくと消費税上げるぞ、マジで。

かくしてネットの世界で「増税メガネ」というあだ名が定着する。

それを払拭するためなのか、所得減税を言い出すが、なんと4万円。あの安倍ちゃんだって10万円だったのに。

で、この財源、どうすんだよ。まさか、消費税の増税じゃないだろうな。

いや、これくらい念を押しておかないと、この御仁、本気で「減税」とかぶち上げておいて、その財源を増税でまかなうぞ。

国民のみなさん、個人事業主から経済学者まで、全員で彼のメガネの奥の企みを見抜きましょう。

私はこのままだと、「増税メガネ」がさらなる大混乱を引き起こす、とみている。

まずはインボイスだ。この制度のタチの悪さと複雑さは他に類を見ない。すでに制度がスタートしているが、すべてを正確に理解している国民はいるのだろうか？　私が知る限り、税理士や会計士すら、詳細をわかっていない。

当然ながら、中小企業や個人事業主はチンプンカンプンで、知ろうとするほど複雑怪奇なため、「これを機に引退すっか」となった人も多かった。

だが、彼らが産業の裾野を支えてきた。高齢化の中、少しでも長く活躍してもらう必要があったはずだ。

なのに、インボイス登録の有無で、発注先を選別する動きまで広まった。中小事業者は追い詰められている。これは、日本経済にとってとてつもない打撃である。

で、今後もインボイス制度による混乱や問題が起きてくる。これまでも、行政はムダな手続きを積み上げてきた。だが、インボイスほど経済へのダメージを与える制度はなかった。

この制度の導入を強行した岸田首相と政府の責任は重い。

難題はほかにもある。

令和の巨大イベント

巨大イベント3点セットがやってくる。

「オリンピック」「万博」「新幹線」だ。昭和の高度成長を象徴する3大イベントだが、これを令和の時代にもう一度、というわけだ。

しかし、もう発想からして古すぎる。

で、東京オリンピックは大失敗に終わった。

選手は見事な活躍だった。金メダル27個は過去最多である。だが、コロナ禍でほぼ観客ゼロ、インバウンド消費など望むべくもなく、経済効果は泡と消えた。

まあ、それだけなら、「不運」という言葉で片付けられた。だが、この大会の企画運営は犯罪的だった。委員会の汚職事件が暴かれ、電通元役員など多数の関係者が逮捕される。おかげで、2030

年の札幌冬季オリンピック招致は断念せざるをえなくなった。

で、まもなく大阪・関西万博がやってくる。だが、会場の各国パビリオンは工事が遅れに遅れている。焦った万博協会は簡易型施設を勝手に発注する事態となった。だが、各国が受け入れなかったら、誰が代金を払うの？　すでに撤退を表明する国も出てきているというのに……。

そもそも、会場の夢洲《ゆめしま》はゴミの最終処分場として造られ、その後テクノポート構想やら大阪オリンピック招致やらもすべて失敗した。総額２８００億円を投じた「負の遺産」は、カジノ構想を掲げているが、まだ実現時期は見えない。

で、今回の万博である。すでに建設費予算は実質３０００億円に膨らんでおり、当初計画の2倍を超えている。しかも、能登半島地震が起きて、復興需要にカネと建設資材や人員を投入する必要がある。当然ながら、建設コストの上昇が見込まれる。

この埋立地に、どれだけカネを突っ込めば気が済むのか。まさかとは思うけど、岸田首相、さらに追加でカネ、投じないよね。

てか、リニア新幹線の工事も、２０２７年の開業は断念したものの、肝心の南アルプスを抜けるトンネルなどの難工事を控えている。本格的に工事費がかかってくる。すでに国は財投３兆円をＪＲ東海に投じた。まさか岸田首相、財投をさらに注ぎ込まないよね。

万博もリニアも、国のトップが判断を下さないと大混乱に陥る。で、インボイスはどうするの？

私には腹案がある。

消費税をゼロにすることだ。ぜいたく品を除いて、消費税は取らない。そうすれば、インボイスはいらなくなる。で、歳出のムダを絞る努力をしようよ。

国民はすでに、岸田首相のメガネを通して、その心の内を見抜いている。だから観念して、国民のために地道にやった方がいいよ。

ジャイアン（大企業）のご機嫌ばっか取ってないで、少しは男気を見せてくれ。

第6章 スーパーフリー

厳しくなる一方の「会社の規律」。
それを嫌う人々は、
枠外に飛び出していく。
そして変革の波が
社内で湧き起こり、
未来型組織が登場する。

ひとり電力

電力会社いらね
自分で電気作るわ

能登半島地震で孤立集落のニュース映像が繰り返し流された。やはり現代社会で、ひとりでは生きていけない。そんな現実がクローズアップされた形だ。道路が寸断され、電気や水道、ガスが止まっていると、我々の生活は機能しない。

だが、そんな中で、井戸水が出る家が、隣近所に生活水を配って地域を救っていた。そして、発電機がある家から電気を分けてもらっている。

「地域に助けてもらっている」

70代のおばあちゃんがテレビ画面で笑った。

なるほど、自分でできることは、日頃からチャレンジしてみることか……。

それで思い出したのは、うちの近所の光景だ。

子どもたちが金魚を飼っている。道端で金魚鉢を囲み、水を入れ替えたりして、はしゃいでいる。一見すると昭和な光景だが、そこには現代的な仕掛けがあった。太陽光パネルが設置され、その電力でフィルターを回している。どうやら、手作りしたようだ。

うーむ、子どもたち、おそるべし。

っつうのは、私は電気代を見るたびに、「どこまで上がるんだ」という恐怖を感じる。だが、何の対策も取ってない。子どもたちと違って、おじさんは打つ手なしである。

いいように東電にやられている。

その東電は、値上げの理由を「ロシアのウクライナ侵攻によるエネルギー危機」とか、世界情勢に責任を転嫁する。その言い訳も限界だろうと思っていたら、今度はイスラエルのガザ侵攻である。

テレビでは中東の戦場の映像のあとに、電力料金の値上げのニュースが流れる。

「おい、セットにしてねえか」

なんか、嫌な感じを受ける。

つまり、電力会社のメッセージが聞こえるような気がするのだ。

〈いつまでも原発は嫌だと言っていると、石油や天然ガスで発電することになり、電力料金は上がり続けるが、いいんだな〉

そんな不気味な声だ。

ん、幻聴だって?

いやいや。我々は、電力会社と国の無言の圧力にジリジリと追い詰められている。裏付けもある。

都心に原発がない理由

朝日新聞の調査では、「原発再稼働」に賛成する割合がここに来て5割を超え、3・11後、初めて賛否が逆転した。震災後は賛成が3割しかなかったのに、2012年から徐々に上昇してきた。

ちなみに、光熱費に負担を感じる人の割合も初めて8割を超えた。

つまり、電力料金の値上げによって、人々が「原発でもしょうがないか……」という気になってしまった現実が読み取れる。

そして、ここに来て小型モジュール原子炉が「電力の救世主」と喧伝《けんでん》されるようになった。安全性が高く、未来型の電力源だという。

本当か？

ちなみに、いくら小型とはいえ、核燃料を使うという意味では、既存の大型原発と変わりはない。「核のゴミ」問題も解決しない。つまり、処理コストの問題は残るし、最終処分地も見えない。

もう一度、思い出さなければならないのかもしれない。じつはみんな、原発がヤバいとわかっている。

コントグループ、ザ・ニュースペーパーが演じる小泉純一郎元首相の「さようなら原発講演会」という動画がある。ユーチューブで280万回再生と人気だ。

演説会でニセ小泉首相が、3・11の原発事故で被害に遭った福島の人々に訴えかける。

「福島で使う電気じゃないのに、福島の方がひどい思いをした。ほんとに、大変だと思いますよ」

そう労《ねぎら》ったあと、こう続ける。

「ほんとにね、(原発は)安全だったんです。クリーンで安全なはずだった。万が一ということは絶対ないはずだった。じゃあ、なぜ東京湾に造らなかったかというと、万が一のことを考えた」

かー。そのとおりである。

東電も、そして国も「原発は危ない」とわかっているのだ。クリーンで安全だと信じているなら、東京湾に造るはずだから。事実、東京湾岸には東電系の火力発電所が10カ所ほど稼働している。

で、原発は、なぜ置かないの?

大阪もそうだ。

夢洲で大阪万博が終わったら原発を造ればいいんじゃね。ほかにも埋立地、いっぱいあるじゃん。

でも、大阪湾に「米軍基地を持ってこようか」という首長の発言はあっても、間違っても「原発を造ろうか」という話は出てこない。

そうだ、みんな原発は危険だとわかっているのだ。

私はかつて電力担当記者として、青森県六ヶ所村の遠心分離機をガラス1枚隔てて取材したことがある。すると広報担当者が退避するかのように離れてしまった。

自家電力ハウス

そうだ。もう国や東電に任せず、行動する覚悟が必要なのだ。

そのためにも、電力の不自由を経験した方がいいかもしれない。

3・11で、私は地震の翌日から被災地に向かった。クルマを運転して仙台支局を目指した。だが、到着前に日が暮れてしまう。市街のビル群が闇に包まれる。停電で信号機も街灯も消えている。

突然、横の道からクルマが飛び出してくる。電気のない街を運転する恐怖を味わった。

神経を研ぎ澄ましてハンドルを握る。目を凝らして、とっさの障害物に反応する。動物的本能をフルに使って運転するのは初めてだ。

闇夜で方向感覚も失う。携帯電話も不通なので、スマホの地図は使い物にならない。途方に暮れていると、県庁行きのバスを見つけた。そうだ、この後ろについていけば、確実に県庁まで到達する！

それからの3・11の取材は、インフラなき状態での活動となった。

それは東北の人々がみな、味わった恐怖でもあった。

その後、彼らの中に、巨大電力会社に頼らず、自分たちで電気を作り出す人々が現れた。地元の小川で水力発電をする人たち。小さな電力会社を設立する動きもある。

そして福島の山奥で、究極の男に出会った。武樋《たけひ》孝幸氏は、東北大学大学院で原子核理論を学んだ経歴を持つ。

3・11のあと、会津の山奥にこもった。そして、エネルギーの自給生活を始める。生活そのものが「実験」であり「研究」だった。

彼の自宅に行くと、建物が雪に埋もれていて、屋根しか見えない。高窓から室内に入る。暖房器具は一切なく、底冷えしてくる。

電気は太陽光パネル2枚と、近所の川での水車でまかなっている。それで、電灯とパソコン、洗濯機だけ使う。この再エネハウスで実験データを収集・分析していく。

名付けて「武樋総合研究所」。

いかしている!

そうだ、少しずつでも、自分のできることをやっていくべきだ。

私は昨年の夏から飲み物を冷やすのはやめて、掃除機でなくクイックルワイパーを使うようにした。

だって原発比率って今は1割もない。2030年の国家目標も2割なんだろ。2割なら、オレ、何とか減らすわ。

いいよ、東電さん。原発なしでやってくれ。減る分は、近所の子どもたちを見習って、自分たちで発電、工夫してやってみるわ。

小湊鐵道

駅前を森に戻す
時代は逆開発だ！

ある日、千葉県の会社の会議室。約束の時間になると、50歳ほどの社長が作業着姿で飛び込んできた。興奮して顔が真っ赤になっている。

「じつは今日、団交をやってるんですよ」

朝から労組との団体交渉が続いているという。

「大変じゃないですか」

「そりゃあもう、ワーワーやってますからね」

そう身振り手振りで話す社長は、何か楽しそうである。

「大丈夫ですか。日を改めましょうか？」

「いやいや、大丈夫です。もうすぐパーンと手打ちになってね、机に一升瓶が出てきて、みんなでワーッて飲むんですよ」

「……」

この会社、一事が万事である。

先日も、地元の若者たちが地ビールを造ると、本社内のカフェテラスに地元の人が集まり「お披露目会」が開かれた。市長から住民、そして社員が身動きのとれないほど集まり、夜更けまで祝杯をあげた。

小湊鐵道。

千葉県の房総半島を横断する全長39キロメートルのローカル線だ。この会社、とにかく人の間に壁がない。経営トップの石川晋平社長と従業員たちが仲間、同志のようにやり取りしている。社長は比較的若いが、従業員は60代、70代がゴロゴロいる。逆に20代、30代の若手も次々と入社してくる。親子で働いているケースもある。

「じいさんが2代前の社長だったんで、こうやって（社長を）やらせてもらっているだけですから。それを、つないでいくだけです」

住民が「勝手社員」

石川社長の祖父・信太氏は28年にわたって小湊鐵道の社長を務めた中興の祖であり、画家としても有名だった。2000点もの絵画を遺《のこ》したが、その多くは里山の風景だった。そんな祖父は、駅を近代的に造り替えることを許さなかった。

その山間部の駅は、ほとんどが無人駅だが、昔のままの駅舎を使い続けている。それが周囲の田畑や菜の花の風景と溶け合い、多くの人々をこの地に引きつける。

だが、過疎化が進む中、山間部の鉄道事業は赤字が続く。市街地やバス・タクシー事業の黒字で、山間部の赤字を埋める。

それでも、里山の風景こそが、最大の魅力とも言える。

「山間部は補修をすることも厳しい。だが、なんとか残したい」

石川社長はコストを抑えながら、山間部を残そうとしている。それを支えるのが、地元の住民たちだ。

自称「勝手連」。各駅で勝手連を結成し、無人駅を清掃し、草刈りをしている。

それだけではない。クリスマスシーズンには、勝手に駅舎をイルミネーションでライトアップして、集客を促している。

勝手連の中心的存在は、地元中学校の元校長、松本靖彦氏だ。

「社長も偉いって。だって普通は勝手に草刈りなんて、勘弁してくれよって言う。それを、互いに暗黙の了解で、適度な緊張を保ってやっているからね」

圧巻は年1回の「里山会議」。各駅の勝手連や小湊の社員、市長や役人、住民が、廃校になった小学校に集まる。会議とは名ばかりの飲み会である。

その「会議」で、10年前、石川社長がこう宣言した。

「電車の壁を取っぱらったトロッコ列車を走らせます。時速20キロでゆっくり走る。酒を飲みながら、地元の自然を楽しんでもらう」

そう言って、自ら描いたトロッコの絵を披露した。まるで遊園地の列車が、山の中を走っているような世界観だった。

それってムリじゃね。私は夢物語だと思って聞いていた。

ところが、2年後、実現してしまう。トロッコに乗った観光客が、地元住民と手を振り合って交流する。すると、松本氏が気づく。

「これは、荒れた雑木林を整備しないとまずいぞ」

その夏、地元住民と小湊鐵道の社員、市の職員など総勢60人が集まって、4日間かけて雑木を切り倒して整備した。そこに、木を担ぐ石川社長の姿もあった。

【逆開発】

彼には、原点となる記憶がある。祖父の言葉だ。

「失われる運命にあるものを現存する時にキャンバスに残したい（中略）絵を描くことと、会社の経営とは、その考え方に、共通するところがある」（『石川信太自伝』長谷川郁夫事務所、2008年）。

風景をどう区切り、解釈してキャンバスに納めるか。それは、意見やデータ、将来予測に鑑《かんが》みて決断する会社経営に通じるという。

だから、小さな駅舎を建て替えず、列車も40～50年前のものを使い続ける。

石川社長は、そうした祖父の経営哲学を、初めは理解できなかった。大卒後、千葉銀行に勤務していた時、祖父にこう聞かれた。

「お前、どういう仕事をやってるんだ」

ここぞとばかりに、銀行で再開発事業を手がけていると話す。すると思わぬ言葉が返ってきた。

「君がやっていることは破壊だよ。開発じゃねえよ」

返す言葉がなく沈黙した。「開発と破壊」。その言葉だけが頭の中に何度も響いた。

祖父が亡くなった翌年、彼が社長に就く。住民と連携して、少しずつ沿線の風景を整備してきた。

その石川社長は、誰もが考えなかった方針を打ち出す。

「逆開発」

これまで、「開発」という名の下に、山間部の駅前はアスファルトで舗装され、コンクリートの建物が次々と建てられてきた。だが、バブル崩壊で客足は遠のき、宿や店舗は次々と閉鎖され、駅を降りると、殺伐とした風景が広がる。

そこで、かつての観光の玄関口、養老渓谷駅の駅前のアスファルトを剥がして森に戻す。駅前のバス停やタクシー乗り場は、数十メートル離れた街道沿いに移した。

少し歩けば渓谷へと下りる遊歩道があり、養老川の大自然がある。

「ならば、養老渓谷に駅前進出してもらえばいい」

アスファルトを剝がして土が姿を現すと、そこに花や木を植えた。枕木を使ったデッキも設置した。

「会社のカネで森をつくるとは何ごとか」

そうした声を、石川社長はさして気にかける様子もない。森の再生は、地域だけでなく、企業にも有益だと考える。

「地域と会社の間に境目をつくらなければ、自然がバランスシートの資産になる。自然を使い倒す。理にかなった事業活動だと思う」

そして、養老渓谷駅の乗客数は、トロッコ列車の導入で前年の2倍近い数字に上がった。

それでも、山間部の電車はすいている。だが、それでいいのだ。

この会社は、地域のすべてを分け隔てなくつなげていく。そして、自らも生態系の中に組み込まれている。

ケニア・ナッツ・カンパニー

ゾウの論理で経営しないとね

オフィスで携帯電話が鳴った。取ると、聞き慣れない声がする。

「佐藤です」

え、佐藤さん？　どこの？

「ケニアの佐藤です」

そうか。アフリカで成功した日本人がいると聞いて、取材を申し込むメールを送っていたんだ。

「いや、取材の件なんですけどね、お受けしようと思って」

「ありがとうございます」

「じゃあ、あさって来て下さい」

「え、あさって……ケニアですよね」

「そう」

急いでパソコンで検索する。

「えーと、ビザが必要ですよね。あと黄熱病の予防接種も……」

「いやあ、大丈夫だと思うなあ」

「大丈夫って？」

「空港に来ちゃえば、追い返すことはないですよ」

「……もし、ダメって言われちゃったら」

「そんなことは、言わないと思うなあ」

この時、すでに私は、彼が普通の経営者でないことを感じ取った。何せ、大使館サイトで入国にビザや書類が必要と明記しているのに、「いいんじゃないの。来ちゃえば、入れてくれるよ」と言うのである。

私はこの佐藤なる人物に、どうしても会わなければいけないと思った。彼はおそらく私を試している。「あさってじゃなくて、もう2日ほど先にずらしてもらえませんか」などと無粋なことを言ってはいけない。行くしかないのだ。

「わかりました。じゃあ、着いたら連絡します」

電話を切ると、オフィスを飛び出して知り合いの医師に頼み込んで予防接種を打ち、大使館でビザをもらって、ロンドン経由でナイロビに飛んだ。

会社とは仲間である

20時間近い機中で、佐藤氏に関するわずかな情報を何度も読み直した。佐藤芳之氏。1963年に東京外国語大学を卒業してアフリカのガーナに飛んだ。それからアフリカの大地にとどまって様々な事業を手がけては失敗。だが、紆余曲折の末にケニアで創業したケニア・ナッツ・カンパニーが同国最大の食品メーカーに成長する。

情報はそれぐらいしかない。まだ彼は日本で無名の存在だった。

到着後、彼の工場に向かった。赤茶けた大地が延々と続く。

巨大なコーヒー豆倉庫に入ると、床にゴザが敷かれ、その上に20人ほどの女性が座っている。コーヒー豆の山を少しずつ手で崩しながら、不良な豆を見つける。

「まどろっこしいことをしていると思うでしょ。でも、こうしないと最高の商品にならない」

すでに日本の大手企業からの受注が決まっているが、納期を過ぎている。それでも、品質を優先して、ゆっくりと作業が進んでいく。

すべてがその調子だった。

豆を栽培するのも、スピードを優先するならば、広大な土地を買って、そこに低賃金の労働者を集めて栽培させるのが手っ取り早い。だが、佐藤氏は地元の農家たちをじっくりと育てていくことにした。彼らに豆を売って、栽培してもらう。タダで配れば早いが、ダメになったらまたもらえると考えるので、粗末に扱われてしまう。少しでもカネを払ってもらえば経済観念が身につき、大切に育てようとしてくれる。そして、良い豆には高い値段をつけて買い取る。

利益はすべて再投資と従業員還元に使い、配当は行ったことがない。ケニアは医療制度が貧弱なため、従業員の医療費を85％負担する。年金も一緒に積み立てる。

「甘すぎる」「経営者失格だ」。そんな批判もある。だが、佐藤氏の信念は揺らぐことはない。

「だって、カンパニーって仲間っていう意味でしょ」

それが経営の神髄だと信じている。揺るがずに、従業員や農家とともに一歩ずつ歩んできた。そして最大の食品メーカーに成長した。

すべては、アフリカの大地が教えてくれたことでもある。

1人も切り捨てない

1990年代初頭、タンザニアでマカダミアナッツを栽培する事業に乗り出した時のこと。最新のブルドーザーで整地して、苗木を植えた。ようやく30センチメートルほどに成長したところで、ゾウの大群が押し寄せてきて、畑はすべて踏み潰されてしまった。

荒れた大地に陽が落ちる。その時、佐藤氏はふと気づいた。

「ゾウにとって、自分たちの行動する場所に、勝手に畑をつくられると困るんじゃないか」

初めて会社を立ち上げた時もそうだった。株主総会を開いたが、開始時間になっても会場はガラガラ。仕方なく始めようとすると、「待った」がかかる。

「みんな話したいはずだ。待ってやろう」

午後になってようやく最後の株主がやってきた。やっと開催にこぎつけたかと思うと、200人ほどの株主が全員、発言しようとする。政治談義から隣村の出来事まで、延々と話が続いていく。結局、その日は宿に泊まってもらって、翌朝から再開することになった。

「1人たりとも切り捨てない。それがケニアの流儀だった」

そこまでしたが、結局、その会社は潰れてしまう。文句を言われるかと思っていると、ある株主がやってきて、こう声をかけた。

「お前の会社、面白かったぞ。また、やる時は声をかけてくれ」

ケニアの人たちのためになる事業とは何なのか。1年近く悩んでいた時に、農業試験場の机に置かれたナッツを見つけた。割って口に入れると香ばしい。

日本人がおいしいと思うのだから、世界で売れるのではないか。その見立てを信じて、ケニアの流儀で、あせらず、少しずつ確実にいい商品に仕上げてきた。

そして大成功したケニア・ナッツだが、佐藤氏は15年前、社長の座をケニア人に任せた。株もすべて現地の人々に譲った。

「だって、すべてはケニアの大地と人々が育てた会社ですから」

そう言う佐藤氏は、ケニアにとどまらず、ほかのアフリカ諸国を渡り歩いて、新しい挑戦を続けている。今はルワンダで衛生問題を解決する事業を展開している。

「物事って、起承転結がある。私は「起」が得意なんだけど、「結」もいつか必ず来る」

終わらない会社はない——そう考える佐藤氏は、日本の経営者に「潔さ」が感じられないという。自分の成功体験に縛られ、年老いても権力の座に居座り、組織とルールをガチガチに固める。だから、空気がよどんでしまう。

佐藤氏は行き詰まりを感じると、大自然の中に身を置く。ケニアとタンザニアの国境には、人類が誕生したとされる大草原が広がる。そこに座り続ける。地平線に夕陽が落ちていく。すると、キリンの親子がどこかに向かって、迷うことなくまっすぐに進んでいく。

大地には悠久の風が吹き抜ける。

未来型自治体

子どもはやっぱ野放しに限るわ

「子どもだけで留守番してはいけない」「近所のおつかいもダメ」「公園で子どもたちだけで遊んではいけない」

そんな「子ども虐待禁止条例」の改正案が話題になった。埼玉の自民党県議団が提出したが、最後は撤回に追い込まれた。

私は最初にニュースの見出しを見たとき、逆の内容を想像していた。

つまり、子どもに過剰な関与を続けることは「虐待」だと警告する条例だと。だって、今の大人って、子どもへの指示が多過ぎね。

塾や英会話教室へ行けだとか、習い事をしろとか、スポーツまでやれって。「自分の子どもはすごい才能がある」と思い込み、様々な習い事をさせて、子どもの時間を奪う。

こうした心理的圧力は、アザができるわけでもないから、親はやりたい放題だ。

子どもたち、窒息寸前じゃね？

おそらく親も強迫観念にとらわれている。「うちの子だけが、取り残される」って。だから、親もある意味で犠牲者である。

なぜ、こうなったのか。

「会社の論理」が家庭に持ち込まれたからではないか。高度成長期、企業は社員寮を建設し、家族を囲い込んだ。祖父母を切り離す「核家族化」が進む。親は共働きだから、放課後の子どもは分刻みのスケジュールの方が都合がいい。

子どもにとっては、会社人間の予行演習のようなものだ。

だが、ＡＩとロボットの登場で、時間どおりに指令をこなすだけの人材は必要なくなっていく。

だから、つくるべき法令はこれだ。

「子ども過剰関与禁止法」

要は、子どもの解放である。それは、親の解放でもある。

「おい、そんなことをしたら、子どもが危険にさらされるじゃないか」

埼玉の自民党のみなさんは、そうお怒りになることだろう。

確かに、子どもが巻き込まれる事件はある。だが、それは昔からあったわけだ。必要なのは「怪しい大人」や「危険な状況」を嗅ぎ分ける力を身に付けることだ。だって、いつまでも親と一緒に歩いているわけにはいかんでしょ。

だから、埼玉の虐待禁止条例は目的に逆行している。

子どもの身を守る、もっと未来的で、根源的な解決策がある。

それは、子どもと老人を混ぜ合わせ、互いに見守る社会をつくることだ。絵空事を言っているのではない。成功している自治体がある。

幼稚園兼老人ホーム

愛知県長久手市。各種の自治体ランキング調査で、全国1700自治体のトップに立つ。

住宅メーカーの「住みここちランキング」で全国1位。日経新聞の「子育てをしやすいまち」や、週刊東洋経済の「住みよさランキング（快適度）」で全国トップになった。

立役者は、前市長の吉田一平氏（ちなみに自民党だ）。

「コメダでぼっーとしてるじいさんに役割を与えて、外に引っ張り出す」

そう言って幼稚園や高齢者施設を併設してきた。

かつて吉田氏は商社に勤務する猛烈サラリーマンだった。だが、退職して、幼稚園を視察に行って愕然とする。子どもたちが運動会や発表会に追われている。親に見せるためだ。日々のスケジュールも時間割が埋まっている。

「これじゃ、サラリーマンと同じじゃないか！」

そこで、吉田氏は広大な森に、幼稚園の建物だけ造り、運動会などの年間行事を一切、行わなかった。時間割も決めない。子どもたちは自然の中で一日中遊び回る。年長の児童が遊びやルールを考案して、小さい子に教えていく。その子が年を経て教える側に成長する。

広大な園内に古民家を移設すると、老人のたまり場になった。そして、子どもを見守ってくれる。若い先生より喧嘩の仲裁もうまい。

そこで、高齢者施設を併設するアイデアを思いつく。見学に行くと、老人が「すいません」「ありがとう」と頭を下げていた。本心ではない。明日も助けてもらうため、仕方なく口にしているだけだ。

「立つ瀬がない」

そう痛感した吉田氏は、古民家に竈《かまど》を設置した。母親たちが戸惑っていると、老人が使い方を教える。役割が生まれ、世代間の交流が始まった。吉田氏の老人ホームは、幼稚園との交流が盛んだ。週末は、父親がやってくるようになり、ビールを飲みながら談笑する。

市長になってから、吉田氏は市内全体に交流を広げていった。

6つの「地域共生ステーション」をつくり、市役所の役割を移した。施策を地域の人たちに決めてもらい、そこに役所がカネを出す。

「わずらわしさの復活」ともいう。

「都心部に〝出稼ぎ〟に行って、面倒なことは役所に丸投げする」

そんな現代人に、地域の課題を任せる。住民が交わり、話し、ぶつかりながらつながっていく。そして、子どもから老人までが、互いに見守る地域になる。不審者がいればすぐに気付くことができる。

それが未来的なのではないか。

「うちの市長じゃムリだわ」

そんな諦《あきら》めの声が聞こえてくる。

だが、自治体が動かなくても、自分が小さな単位でもつながりを持っていけばいいんじゃね。

子どもを会議に

今、多世代同居型の賃貸住宅が静かに広がっている。

単身者から家族まで1つの建物の中に暮らせるように、様々な間取りの部屋を混在させる。共同ダイニングキッチンを設け、そこに集まって施設のルールを話し合いで決める。

東京・多摩市にあるコレクティブハウス聖蹟は20戸が集まって暮らす。1階中央に巨大な厨房付きダイニングルームがある。そこで、3日に2回、「コモンミール」が開かれる。大人たちは、それぞれ月1回のペースで全員分の夕食を作る。食事は強制ではないので、パスすることもできるし、部屋に持っていって食べてもいい。それでも、多くの住人がここに集まり、家族の枠を超えて交流し、食事と会話を楽しむ。

学校の送り迎えなどは助け合う。というか、大人たちが自然とこなしてしまう。もちろん、引きこもりのような若者もいる。それでいいのだ。

事例はこれだけではない。海外では大学の中に老人ホームをつくり、リタイアした人が、その経験をもとに講義をする施設もある。そこに、保育園をつくってもいい……。

私はこうした取材を通して、ふと、ある盲点に気付いた。

将来計画を熱く語っている大人の横で、じっと聞いていた子どもが、ポツリとこう漏らした。

「ずっとそう言ってるけど、まだやってないよね」

おお、子どもはなんて鋭いんだ!

私も企画会議に子どもを入れてみようかなあ。

そうだ、大人は偉そうに構想やウンチクを語るが、実行できていない。子どもは冷静に見ている。

だから、埼玉の議員のみなさん、まず、子どもに聞いてみたら?

ハウステンボス

どうせ偽物なんや何でもありやろ

コロナが明けて、ハウステンボスに強烈な人波が押し寄せている。人気のＶＲ（仮想現実）ジェットコースターは3時間待ちだ。コロナ明けで人が戻った観光施設は数知れない。だが、私が今回、ハウステンボスを取り上げるのには訳がある。

やはり、この巨大施設は強い吸引力を持っている。それを築き上げたのは、２０２２年まで12年間、同社株の6割強を保有していたＨＩＳの創業者、澤田秀雄氏にほかならない。

孫正義氏と並んで、日本を代表する平成ベンチャー経営者の１人。だが、孫氏同様、毀誉褒貶《きよほうへん》が激しい。業界の常識を覆す構想をぶち上げ、失敗もするが、それを打ち消すほどの勝利もかっさらう。

要は「創造と破壊」の経営者なのだ。せこい出世競争をすり抜けてきた大企業のサラリーマン社長とはスケールが違う。

その澤田氏がハウステンボスに乗り込んだ時、そこは廃墟と化していた。

東京ディズニーランドの約2倍という広大な敷地に、オランダの街を再現した建物と、チューリップなどの花が一面に広がる。

そこには創業者、神近義邦氏の思いが込められていた。オランダの美しい街並みに感動して、長崎オランダ村を開園したことが始まりだった。だが日本料理店を改装した小規模な施設では物足りない。

そこで神近氏は興銀など大手銀行に食い込み、2200億円もの資金を借りて1992年にハウステンボスをオープンさせる。

オランダ政府の協力も得て、建物を忠実に再現、細部にこだわるため、オランダから職人まで連れてきた。ハウステンボスとはオランダ語で「森の家」を意味し、宮殿の名称にもなっている。まさに、長崎の地に、オランダの街を再現してしまったのだ。

ところが、である。

まったく客足が伸びず、あっという間に経営が崖っぷちに追い込まれる。

破綻が噂される中、私は初めてこの巨大施設を訪れた。

つまらない……。

ってか、オランダの街並みを再現されても、「それが何?」という感じである。夜の巨大レストランには客はほとんどいない。だから、早々に閉店となる。

園内にあるホテルにトボトボと戻っていく。施設一帯は、眠ったように静まりかえっている。部屋に戻ると、宮殿のような豪華な内装が迎える。寂しさが助長される。

おい、まだ8時だっつうのに、寝るっきゃないじゃんかよ！

だから、2003年に経営破綻した時、「来るべきものが来た」としか思わなかった。投資会社の野村プリンシパルが支援に入ったが、赤字は止められず、施設は老朽化が進み、ゴーストタウンと化した。野村プリンシパルも撤退を決め、いよいよ閉園かと思われた。

そこに、再建役を要請された澤田氏が乗り込むことになる。

わざと猥雑に作る

澤田氏はまず、買い叩きまくった。銀行に債権の8割カットをのませる。そして、九州の大企業から出資金を集め、債務を完済した。

バブルの負の遺産を一掃して、スタートを切ったのだ。

あとは、客を集めるだけだ。ただ、目の前には廃墟が広がる。

この時、私は澤田氏に密着取材をすることに決めた。一緒にカートに乗って、園内を回った。

澤田氏がつぶやく。

「暗いなあ」

赤字続きだから従業員が下を向いている。給料も下がり続け、ボーナスもゼロ。

「儲かったら、給料も上げるし、ボーナスも出す」。澤田氏がそう発破《はっぱ》をかけても、萎縮した従業員から、アイデアが出てこない。その時、はっと気づいた。

「あれ、電気すら、消しているじゃないか！」

そうだ。コストカットが続き、建物が実際に真っ暗なのだ。そこで、電気を付けて回る。気持ちも明るくなる。

修繕がままならずに閉鎖している美術館を見上げる。

「おい、どうせ廃墟なんだから、お化け屋敷にしたらどうだ」

澤田先生、その発想、いけてるわ。サラリーマン社長とは経歴が違う。ドイツ留学時代、バイトして50カ国を放浪した経験がある。

ハウステンボスを一望して、こう喝破《かっぱ》する。

「ヨーロッパの街裏の猥雑《わいざつ》さがないんだよ、猥雑さが」

そこで、噴水では子どもたちに水遊びをさせる。海パン姿で子どもが走り回る。オランダの運河を模した場所は釣り堀にしてしまった。

「ここにワンピースとコラボして、海賊船を浮かべようと思う」

あの、先生、オランダの宮殿だったんでは……。

澤田先生、高笑い。

「どこまで頑張ったって、偽物《にせもの》は偽物だ！」

くわー、さすがやあ。

勝手に営業しろ

その夜、屋外の大ステージには大勢の客が集まっていた。すると、遠くからサンバのリズムが聞こえてくる。何と、ブラジルのカーニバルのダンサー一団が踊りながらやってくる。続いて、タヒチのダンサー、さらには米ブロードウェーミュージカル……。司会者は日本語と中国語を使い分けながら盛り上げる。

おい、ここはどこだ？　少なくともオランダじゃねーな。

この年、いきなり黒字を叩き出す。

こんなことも言い始めた。

「観覧車をやりたいってヤツがいる。だから、場所を貸してやるから、勝手にやれって」

え、勝手に？　つまり、土地は余ってるから、好きにアトラクションを営業させようというわけだ。

それって、テキ屋じゃね？

「空いてる施設もあるから、起業家を住み込みさせるかなあ」

その後、英語専用の施設や、ロボットが働く低コストの「変なホテル」などが次々と実現。ほかにも、全国のゆるキャラを集めて「ひげダンス」をさせ、爬虫類と触れ合うイベントを開き、世界最大の黄金風呂までオープンさせた。

だが、コロナには勝てなかった。

ＨＩＳは海外旅行の激減によって業績が急落。債務超過を免れるため、高値がつくハウステンボスを手放すしかなかった。２０２２年、香港のファンドに売却、もともとタダ同然で引き受けた施設なので、特別利益６４７億円が計上された。

この売却議案に反対したのは、澤田氏１人だけだった。

無念、澤田秀雄。

それでも、ハウステンボスには「何でもあり」の澤田イズムが今も生き続けている。

客を迎えるのは、ドラえもんやワンピース、村上隆、蜷川実花の作品など。巨大プールは真夜中まで営業し、強烈なライトで七色に輝く。花火が打ち上がり、その火の粉が夜空に消え落ちていく。

いいのだ。これでいいのだ。

3M

上司うざいから勝手に作ろうぜ

これまで大企業に厳しいことを書いてきた。だからして、こういう反応があるだろう。

「どれだけ大企業が嫌いなんだ」

うむ。そう思われても仕方ない。

だが、私が大企業に厳しいのは、理想に近い大企業を見てしまったからだ。以来、大企業を見る目（ハードル）が上がった。

それは記者駆け出しの20代半ばのことだった。「グローバル経営」という特集を組むことになり、アメリカ企業を担当する。

私は片っ端《ぱし》から米企業にアポを入れていった。マクドナルド、P&G、アメックス、デュポン……。

ところが、実際にアメリカに飛んで経営トップに会ってみると、想像と違う。質問をしても、文章を読み上げるような答えばかり。

おそらくメディアトレーニングを重ね、最新経営用語をちりばめた回答を用意している。スマートで洗練されているが中身は薄い。

私は質問書と違う内容を聞いてみる。すると、経営トップが広報担当者を睨《にら》みつける。広報がうろたえる。

「後で、広報から回答します」

なんだよ、自分の頭で考えてないじゃんか。わざわざアメリカまで取材に来た意味あるのか？

私は重い足取りで、次の取材地、ミネソタ州に飛んだ。

超開放オフィス

気温はマイナス40度。翌日のCEO取材に備えてホテルの部屋にいると、同年代の広報担当者スティーブが部屋にやってくる。

「これ、明日の資料だよ。で、今夜、予定がないんなら、メシでも食わない？」

ん。なんか、これまでの会社と違うな。

「いいカメラ、持ってるね」

「ああ、これ、ビックカメラで買ったんだ」

「えっ、Bic Camera ?」

そりゃ、知らねえわな。簡単に説明する。

「はー、ほかの店の方が安いと言われると、値下げする……それって、どういう仕組みなんだ」

スティーブが目を丸くする。

「行く価値あるね。案内するよ。店の音楽は奇妙だし、店員のテンションも高い。驚くと思うな」

「わかった。それまでに日本語、勉強しとくよ」（実際に彼は日本にやって来ることになる）

翌朝、ホテルのロビーにスティーブが迎えに来る。

「今朝は危険なほど寒い。クルマを玄関前につけるから、ダッシュで建物に飛び込むぞ！」

クルマが本社ビルに近づく。

3Mのロゴが見えてくる。

2人で入口に走り込む。わずか数秒だが、外気に触れた顔面に激痛が走る。確かに危険だ。だが、ガラス張りの巨大なロビーに入った瞬間、温かい空気に包まれる。

スティーブが掲示板を指さす。

「ウェルカム　シンイチロウ　カネダ」

温泉旅館によくある「歓迎 ○○ご一行様」ってやつだ。こんなのアメリカにもあるのか！

すると、ベテラン社員が近づいてくる。ロビーにある3Mの歴史展示コーナーを案内してくれる。

約100年前、この地で創業し、失敗を繰り返しながら発展してきた。その年表や写真が飾ってある。

「さて、デジーの所に行こうか」

デジーとは、CEO（当時）のデジモニ氏のこと。廊下を2人で歩くと社員が声をかけてくる。

「どこから来たんだ」

「日本です」

「おお日本か。これからどこに？」

「デジモニCEOの所です」

「デジーか。じゃあ、終わったらオレのとこに寄れ。面白い研究をやってるんだ」

何人かに声をかけられ、ようやくデジーの部屋に着く。ドアは開け放たれていた。入ると、クマのような大男が待っていた。

「おお、よく来たな」

そう言ってハグしてくる。

「で、飲み物はどうする？」

「何でも」

そう言うとコーラを渡された。

「で、今日は何が聞きたい？」

「グローバル戦略について……」

「おお、いい質問だ」

大げさにうなずく。そして、話し始めると、もう止まらない。話は世界戦略から脱線して、各国での思い出話が交じってくる。きっと、PR会社に言われたことなど、どこかに吹き飛んでいる。

ようやく質問を挟む。

「なぜ、5万もの商品を生み出せたんですか？」

「いい質問だ。おまえ、本当にすごいな」

大げさな身振りで、驚いている。どう考えても大した質問じゃない。どこまで本気なんだ、この人。

失敗と交流

そして彼が話し始めたのが、幹部時代の失敗談だった。部下が新繊維の研究をしていた時のこと。

「カネと時間がかかりすぎる。もう開発は止めろ」

デジーがそう命じた。ところが、部下たちは隠れて開発を続け、防寒に優れた繊維「シンサレート」を生み出す。スキーウェアなどに使用され、大ヒット商品となった。

「あれは大恥をかいた」

この会社には「15％ルール」と「ブートレッギング（密造酒造り）」という不文律がある。業務時間の15％を自由な研究や活動に使っていい。しかも、密造酒を造るように、こっそり隠れて。

「社畜」を生まない仕組みとでも言おうか。デジーがあえてこの話をしたのには、意図がある。トップになる者ですら、判断を間違える。だから上司に従わず、自分を信じて開発せよ、と。

同社が生み出したセロハンテープやポスト・イットは、社員が思いついて、勝手に開発した。

そうしたイノベーションを起こすためにも、社員を交流させて刺激し合う。失敗を許容する文化も、トップ自ら繰り返し伝える。

「1人の天才より100人の凡才」と言い切るこの会社こそ、大企業の強みを生かし切っている。

取材期間中、毎晩、食事会やパーティーが開かれ、さまざまな部門の社員が参加してきた。

彼らは世界200カ国に進出し、年数パーセントの着実な成長（Organic Growth）を目指す。そして、100年を超えて配当を続ける。NYダウ工業株30種に50年近く入っていることが、アメリカを代表し続けている企業の証左である。

今も「勝手な開発」は続く。数年前、セントポールの本社に行くと、中国の子どものためにPM2・5を通さないマスクを開発していた。

「子どもは体が小さいから、より精度を高める必要がある」

そんな思いで、45人の研究者が勝手に集まって開発していた。

取材を終え、50代を迎え貫禄ある体型になったスティーブと、夕陽が差し込む3M本社の廊下を歩く。すると社員が声をかけてくる。

「今日、うちでホームパーティーをやるんだ。来ないか？」

うーむ。この会社、まったく変わってねーな。

終章

未来は「フラット&フリー」

「会社は必要なのか」

序章でそんな会社への疑念を提示したが、終章で1つの解答を出したいと思う。

いや、すでにここまで読み進めた読者は、そのイメージを持っているかもしれない。

おそらく、「働く場」や「仕事の共同体」は必要なのだが、それは従来型の「会社」という枠組みではなくなっていくのではないか。

これまで経済の主流は株式会社だった。だが、この制度はすでに時代との齟齬《そご》をきたしている。

現場で働く人と、株主や取締役との間にできた溝は、広く深い。株主は経営陣に対して「利益の最大化」を求める。その命を受けた社長と取締役は、社員に「前年より利益を増やせ」と号令をかけ、売上が不調ならリストラ策によって利益を絞り出し、神（株主）に上納する。その見返りとして、社長や取締役は巨額の報酬やストックオプションを手にする。

つまり、株主と経営陣が「グル」となり、社員から搾取を続ける。人口減少社会に入っている日本では、その傾向が顕著になっている。なにせ、市場は拡大しないのだから、売上が減る中で、リストラなどで無理くり利益を絞り出すしかないのだ。搾取の構図は、会社と接点を持つすべての関係性においても同じ状況をもたらすことになる。それは消費者であり、取引先であり、地域・環境からの搾取である。

この構図こそ、世界で問題となっている格差問題の主因と言っていい。

世界のトップ8の資産が、貧困層36億人分と同額になっている。トップ層は株式会社によって富を手にした人々であり、それでもこの構図を続ければ、どこかで臨界点を迎える。

だからこそ、株式会社は静かにその役割を終え、経済の主役の座から降りることになる。「さもなければ破局が訪れる。富裕層数人と30億人の戦闘となれば、富裕層に勝ち目はない」（経済学者の水野和夫氏）

つまり、今のまま株式会社を放置することは、世界的危機を誘発するようなものである。破滅的結末を避けるには、まず、会社自体が自己変革に乗り出すしかない。現場社員や顧客、取引先、そして地域との壁を取り払ったオープンな組織を目指す。具体的な方策は第6章に出てきたいくつかの会社がすでに実行している。経営トップから現場社員までがフラットな組織で、外部に対しても開かれている。そんな「会社」は、オーナーとの関係性もスムースで、目指す方向も緩やかに重なって一致する。

では、株式会社と「未来型組織」は、具体的に何が違うのだろうか。

株式会社の特徴は、無限に成長できることだった。株式で資金を集めて巨大な資産を保有できる上に寿命がない。そして、大人数を抱え込むことができる。

これは設備集約的な産業の時代には見事に機能した。だが、工場・設備の自動化、ロボット化が進んでくると、一部のインフラ産業などを除けば、硬直的で融通の利かない負の面が大きくなる。今後は、知識集約型の産業に重心が移っていく。ロボット・ＡＩではできない仕事やプロジェクトを成し遂げる必要がある。そのためには、個人の能力を最大限に活かさなければならない。

つまり、「未来型組織」に変貌するには、今の会社を、個を中心として組み直す必要がある。しかも、時代の変化に合わせた柔軟かつ開放的な組織にする。

東京大学教授の柳川範之氏は、次代の「会社」を、「人と人がインタラクション（相互作用）する場所」と定義する。

それを音楽にたとえると、人と人が引かれ合って集まり、ある音に他のメンバーが呼応して音を出し、1つの曲を一緒に奏でることができる状態だという。

「ロック型組織」

柳川氏はそう表現する。

クラシックは古典楽曲を忠実に演奏していく。演奏者は固定され、指揮者のもとに一糸乱れずに役割を遂行する。これまでの日本の「会社」は、多くがこのタイプに分類される。

だが、このスタイルは一部のインフラ企業や警察、軍隊などの組織には機能し続けるが、ほかの組織では徐々に使われなくなっていく。

一方、ロック型組織は、時代に合わせて新しい楽曲（成果）を作り続ける必要がある。そのためにメンバーが入れ替わり、観客（顧客）の反応を見ながらライブ（演奏）を続けていく。

しかも、観客を前にして、一発ギグ（即興演奏）を決めることも多い。

それは、ネットの世界にある単発の仕事を指す「ギグ・エコノミー」にも通じる。

だからこそ、バンドは常に時代に合わせてメンバー交代を繰り返していく。最高の音を奏でるためにメンバーを組み替えるわけだ。そして、時代の要請に応え続ける。

未来型組織は、スポーツの「チーム」にも学ぶところが多いかもしれない。常に観客を魅了して、引きつけるプレーを模索する。その熱狂は地域との結びつきを強めていく。相手によってメンバーが変わり、時間の流れと状況に応じて戦術も変化していく。

私は野球やサッカー、バスケ、アメフトなどのチームスポーツを取材して、それを機能させる「仕組み」について何度かまとめている。

そこには、多くの経済・経営のヒントが詰まっていた。

大学のトップリーグで戦う京大アメフト部は、スポーツ組織をひもとくきっかけとなったチームの1つだった。

受験における最難関大学の一角だから、学生は決して身体能力が高いわけではない。

だが、関西学院や立命館といった私立大学のスポーツエリート集団と互角に勝負し続けている。礎を築いた水野彌一元監督にその極意を聞いたことがある。

「昔は上級生を中心に、鉄拳制裁も辞さない猛練習をしていた。だが、それではスポーツエリートを集める私大には勝てなかった」

模索する中、米国のトップ大学の練習を視察して、チームづくりを一転させる。

学生は毎年入れ替わるので、選手に合わせてフォーメーション（戦術）を考案していく。新入生の適性を見抜いて、そこに合わせてチームを刷新し、戦略を再構築する。

逆転の発想――。つまり、新入りを軸に、常にチームを変容させていくのだ。

だから、強化は毎年春の「部員狩り」から始まる。入学式では上級生が新入生に対して「グラウンドに遊びに来ない？」と声をかけ、昼メシに誘って、話をしながら徐々に打ち解けていく。

そうして集めた数百人分もの新入生リストから対象を絞り込み、勧誘攻勢をかける。こうした地道なリクルート活動で集めた新入生は、まさに「宝」である。4年生がグラウンドを整備して、1年生を迎える。まずアメフトの楽しさを感じてもらわなければ始まらない。

練習も、コーチと4年生が綿密に打ち合わせをして、下級生たちに筋道を立てて説明する。納得しなければ、京大生は打ち込んでくれないからだ。

上下関係の逆転――。

しかも、新人に合わせて新しい戦術を考えて、そこに組織を合わせていく。

そうだ。その方が時代の波に乗ることができるのだ。

常に若い感性を取り込むことは、顧客の開拓にも大きな可能性を拓く。若い層をターゲットとして取り込めることになる。

水野氏はこう言って憚《はばか》らない。

「アメフトは事業」

アメフトは交代選手も含めれば30～50人の選手が試合に出場することになる。違った能力と技術を求められるポジションが存在するため、選手の個性に応じて、役割を与えていく。

そして、フィールド上の11人の選手が、わずか数秒のプレーに連携して動く。最初からデザインされた戦術を使うが、その場で選手たちが瞬時の判断とコミュニケーションで、プレーを変更する。そのために、日頃から彼らはクラブハウスで共同生活を送る。その施設は、企業などから6億円もの寄付を集めて建設され、食堂やトレーニング室も備えている。

そして、最上級生は通常、1年留年して社会人に巣立っていく。その5年生が、現役の学生チームとフルコンタクト（全力）で練習する相手となって、強さに磨きをかけていく。

それは、まるで家族における祖父や地域の長老のような存在かもしれない。

そうだ、おそらくチームや社会の中心には、無償の貢献を喜びとした人々が存在する。


それは、現代では忘れられかけている家族的な結びつきに近いかもしれない。だが、その肝心の家族自体が、日本社会では分断されている。

その真犯人を追いかけていくと、ここでも「会社」に突き当たる。

日本はかつて、大家族で生活し、隣近所と助け合いながら子育てをしていた。

だが、高度経済成長によって、世帯人数は4・1人（1960年）から2・2人（2022年）まで半減してしまった。

それは、同居の数字にも現れている。三世代の世帯は1980年には50％近かったが、7％（2022年）まで急減している。もはや、同居は極めてまれなケースとなっている。

世代の断絶は、会社がもたらしたものだった。

高度成長期、大企業を中心に、大量の社員を抱え込むために社員寮を建設していった。会社にとって、家族を囲い込むことが、「仕事漬け」にするための重要施策だった。これによって、面倒な親世代を切り離すことで、ケアにかかる時間と手間を切り離した。

だが、「会社」はこの分断と囲い込みが、現在の苦境を生み出したことに気づいていない。

「社宅全盛期だった団塊世代の妻は、結婚生活に失望と後悔を抱いた」（人口問題の専門家）

会社の上下ヒエラルキーをそのまま持ち込んだ社宅に閉じ込められたからだ。サラリーマンの夫は、平日は残業にマージャン、休日になればゴルフやパチンコに出かけていく。その状況下で、妻は孤立していく。残された子どもたちを抱え、上司の妻に睨《にら》まれながら、必死で家事と育児を続けるうちに、結婚生活への不信と不安を深めることになった。

それは、団塊ジュニア世代、とりわけ娘たちに影響を及ぼし、「結婚観」に深く刻まれることになる。その根底には、会社中心の社会への不信感が横たわっていた。会社の論理によって、家族までも分断していく。

1995～2003年、彼女たち「団塊ジュニア世代」の出産が期待されていた。だが、「第3次ベビーブーム」はまったく起きなかった。

当時、企業はアジア通貨危機と大手金融機関の破綻によって業績が急低下していた。就職氷河期や非正規雇用という言葉がニュースに飛び交う。

その間も、会社は家族と人間関係の亀裂を深める施策を次々と打っていった。

会社の人事制度が実力主義賃金となり、社宅や家族手当が次々と廃止されていった。

「強い個人」を求める中で、若者たちはそんな企業行動と社会変化に敏感だった。

会社への疑念――。

団塊ジュニアによる第3次ベビーブームが起きなかったのは、当然の帰結だと言える。

それどころか出生率は低下を続け、2005年、日本は史上最低となる出生率1・26を記録する。

現在の人手不足、そして若者の会社離れは、こうした戦後日本の「会社」の行動に起因する。会社は人々のコミュニケーションを遮断して、社会を「個」に解体、競争を煽って孤立させてしまった。

だから、個が「仕事の場」としての会社を敬遠する。

おそらく、株式会社の論理をむき出しにした、カネで囲い込むような手法では、有能な人材から去っていく現象を止めることはできない。

そもそも、カネで人々の心を引き留めることが難しくなってきている。社長や上司は、去って行く社員に対して、「そんなことをしたら、食えなくなるぞ」と言う。

だが、実際のところ、日本の餓死者は年15人しかいない（2022年）。しかも、20代・30代はゼロである。「食えなくなる」は、会社側の脅し文句でしかない。

だから、人々を引きつける「仕事の場」は、「個」の信頼が結びつく場所でしかありえない。五感でのコミュニケーションがとれて、カネで左右されない関係性とでも言おうか。

例えば、家族からカネを取ろうという人はいない。

食事を作って、子どもからカネをとる親はいないし、近所のおばちゃんの家に寄ってお茶を出されて、「はい、500円」と言われることもない。町会のゴミ拾いで、時給2000円を請求するじいさんもいない。

誰かのためになる――それが広がればいいのだ。

おそらく、ここで反論があるだろう。

「家族や近所のことは、身近な人だから当たり前のことだ。ギブ・アンド・テイクなんだから」と。

うむ。それならば、仕事も同じことだと言えないだろうか。

あなたが作る商品や、提供するサービスは、誰かに届いている。

そして、誰かがつくったであろう食品や製品をコンビニで買い、お気に入りのアーティストがつくった音楽を聴いている。

それも、同じようにギブ・アンド・テイクと考えればいいだけではないか。

2つの技術が、その時間と空間のギャップを埋めればいい。

1つは、メディアだ。

あなたがつくった商品を、遠く欧米の子どもが日々、楽しんでいるかもしれない。逆に、東南アジアでつくられた食品が、あなたの食卓に彩りを添え、味覚を満たしてくれているかもしれない。

その想像力は、IT通信の技術が高まれば、より明確に見える形で届けられる。

それは、我々がウクライナで日々の生活に追われる人々を憂い、パレスチナで死の恐怖に怯える住民とともに涙することにもつながる。

メディアの進化は、人間の「共感力」を強め、想像力をサポートし、人々がよりつながっていく未来社会を創り出すことに貢献するはずだ。

もう1つは、ブロックチェーン技術だ。その信頼性が高まれば、カネの流れが劇的に変化する可能性がある。いや、これはカネではなく、「信用」なのかもしれない。感謝を表すため、あるいは支援をするため、わずかな「信用」を相手に送り届ける。

この2つの技術だけでも、進化して世界に広まることになれば、恩恵を受けた人が、苦境にある人に生活の糧《かて》を送る循環が起きるはずだ。それは、共感のネットワークとして世界をつなげていく。

人は、それを「空想的理想論」と言うかもしれない。

だが、IT、ロボット、AIの技術革新のスピードは、そんな冷笑的批判を覆す潜在力を持って現実の世に広まっている――そう感じているし、信じている。

そうだ。

近い未来、みなが世界の誰かのために、自分ができる「仕事」をする。

そして、誰かが自分のために必要なものをつくってくれる。

それは最近技術によって伝えられ、互いの「信頼」を確かめ合う。

何か大きな問題があれば、解決に向けてバーチャルなチームをつくる。それが地域のリアルな人のつながりであることもあれば、世界の「知」が集まったネット上のチームかもしれない。

そんなバーチャルとリアルのチームが結びつけば、大きな「仕事」ができるのではないだろうか。

しかも、オープンにその手法が地球上に広がっていく。

そうだ。

家庭での料理のように、あるいは町でのゴミ拾いのように、誰もが誰かのために、自分の得意なことをする。

目の前の人に喜んでもらうように、娘のために桜桃を買うように、誰かのためにできることを考えて実行する。

そこに、どことなく充実感と幸福感をともなっている。

そんな時代を夢見ている。


ＩＴ、ロボット、ＡＩはそれを可能にするツールになる。

荒唐無稽だろうか。

だが、今、世界で起きている事象の先にある未来が、そこに行き着くように見えてならない。

それが私だけが見えている夢でないことを願ってやまない。

あとがき

私はなぜ、会社批判を書き続けるのか。

自分でも、その原点がよくわからなかった。

思い返すに、初めからそうだった。

記者となって会社を取材するようになった頃から、どことなく違和感を感じていた。会社という場所に入った時に感じる、抑圧的な空気、整然と時間が流れることへの居心地の悪さ、などである。

特に、事件や不祥事を起こす会社は、問題が発覚する前から、重くて硬い空気が漂っている。

私は、生来、会社というものが肌に合わなかったのだろう。というか、学校であれ、自治体であれ、組織として整然と動くものに、どこか威圧的な空気を感じ取り、静かにその場を立ち去ることが多かったように思う。

事件記者として走り続けた30余年、常に、その違和感が充満する場所の真ん中に身を置き、取材と執筆を繰り返してきた。

4年前、大病を患って、病室のベッドで半年間を過ごした。その時、ようやく自分を見つめ直す機会ができた。

そして、自分がどこから来たのか、そのぼんやりした像が見えてきたような気がする。

私は祖父の影響を強く受けている。

彼は会社というものを信用していなかった。会社に属する人には、常に猜疑心《さいぎしん》をもっていたように思う。個人商店を営み、その顧客は地元に広がっていた。そのため、多店舗展開を勧められたことも幾度となくあったが、頑として首を縦に振らなかった。会社にしたくないのである。そして、祖母と2人きりで大量の注文をさばいていた。

彼の生きがいは土地を広げることだった。東京大空襲で娘の手を引いて奇跡的に生き延びた祖父には、「自分のために生活する」という感覚が乏しかったように思う。子孫に土地を残し、豊かな生活を送らせることだけを生きがいにしていた。

それは、時代の犠牲者であった。

土地には1人の娘が残った。その婿を考えたとき、たった1つ、しかし絶対の条件を付けた。「この地を守り抜くため、転勤をしないこと」。

そして、都庁に勤めていた父に白羽の矢が立った。信州の山奥から出てきた7人兄弟の末っ子。大学進学で東京に出てきたものの、居場所がなかった。だが、帰る場所もない。

それは、祖父にとって格好の娘婿だったに違いない。土地は東京の真ん中に位置するため、都庁のどんな支所にも通うことができる。

結婚後、すぐに私が生まれた。

その瞬間から、私はこの祖父が広げてきた土地を守ることを運命付けられた。

祖父はことあるごとに、幼い私にこう言い聞かせた。

「この土地を守っていきなさい。いろんな人が妨害するだろうが、守り抜けるように、ちゃんと準備しておくから」

幼心に、何か大きな責任と足枷《あしかせ》を押しつけられるような感覚に囚われた。


父は祖父（父にとっては義父）から、そのことを聞いていただろう。

思い起こすに、父は自分が「つなぎ役」だと感じていたに違いない。祖父から、血のつながった孫に、土地を相続するための役割しかない、と。

その時、父は自分の人生について、何を思っただろうか。

詩と文学を好み、その才能に自分では気づいていた。酒に酔って、芸術の道に進んだ親戚を相手にくだを巻いたことがある。

役所勤めなど、やりたくなかったに違いない。生家は山奥の自然の中にあった。その原風景を好み、休日は1人で奥多摩の山を歩いていた。おそらく、山に住まい、詩を綴るような生活に憧れていたのだと思う。

私は時たま、父から本を渡されることがあった。

「これを読むといい」

そう言い残して部屋を後にする。

怒られたことは一度もない。それどころか、注意されることすらなかった。

父自身は、物心がついた時に父親を失っていた。

「自分には父親がどのような存在なのかわからない。だから、子どもへの接し方がわからない」。そう呟《つぶや》いていた。

その父は、57歳にして故郷の山で転落し、遺す言葉もなく生涯を閉じた。

だから、私が思い起こす父からの唯一の指針らしき言葉は、まだ幼い頃に言われた「自由に生きろ」というものだけだった。

「お前が食いっぱぐれることはない。だから、何にも縛られず、自由に生きろ」と。

そんな彼もまた、時代の犠牲者ではないかと思う。

戦争の時代をくぐりぬけ、ただ孫の世代に土地を遺し、豊かな暮らしを夢見た祖父。

信州の山奥から都会に出て、孤独に役人生活を送りながら、義父から息子への橋渡しのために生きた父。

2人の犠牲者の上に、自分の人生がある。

だから、私も犠牲者になりたいと思っている。

同時代の人々は、壮絶な「会社人間の世界」にもがいている。

その「会社」を終わらせなければいけない。

だからこそ、次代への架け橋としての犠牲者になりたい。

今ある「障害物」を破壊しきって、次世代にバトンを渡す。

そして、思うように人生を送ってほしい。

それが、さらに先の未来をも、切り拓くことにつながっていくのだから。


本書は週刊東洋経済の連載記事の中から抜粋し、序章と終章を書き増し、全体を再編集したものである。


本書は、おそらく、ありえない布陣で世に出ることとなった。

前述の私の親族だけでなく、多くの寛容な人々に支えられてきた。

本文中でも触れたように、私は高校2年からほとんど授業に出ていない。もちろん、大学もゼロに近い出席率だった。ただ、通学路にあった紀伊國屋書店新宿本店に通いつめ、国会図書館や地元の図書館を使い倒した。独学の方が、世界の知に触れられるし、学際をまたいで縦横無尽に情報を吸収・融合できる。そのお陰で、高校も大学も無事卒業させてもらい、日経グループでも、「日経ビジネス」や「日本経済新聞」の企画記事を担当させてもらった。

「株式会社ニッポンの広報誌」と揶揄《やゆ》される日経グループにおいて、会社への批判を続けた記者を、日経グループの幹部たちは苦笑しながらも支え続けてくれた。

おそらく、ジャーナリズム精神を持つ先輩記者たちによって、生かされてきたのだと思う。

そして、本書の最大の功労者は、週刊東洋経済の風間直樹編集長をおいてほかにいない。私が独立後、すぐに声を掛けてくれて、連載企画を実現させてくれた。感謝に堪えない。

また、本書のベースとなっている連載は、西澤佑介副編集長の絶妙なアドバイスに支えられて今も続いている。彼がいなければ、連載は3カ月で終わっていた。

そして、散弾銃のようにテーマが飛ぶ連載を、1冊の本にまとめてくれた佐藤朋保・出版局編集第3部部長にも感謝したい。

以上の3人を含め、私の周囲にいた人々は、おしなべて私の行動に振り回された犠牲者である。せめてもの謝意をここで表し、数々の迷惑と無礼を詫びたい。


「自由に生きろ」

その遺言めいた言葉を真に受けて生きてきたことが良かったのかどうか、今でもその答えはわからない。だが、つまるところ、自分にはこの生き方しかないのだと思う。

そう腹をくくって、起きている事象を追いながら、頭の中に浮かぶ思いも込めて、散文のように連載誌面に書き込んでいる。それが、こうして1冊にまとめあげられた喜びは、思いのほか深いものとなった。

思い返せば、長い道のりだったのかもしれない。

日経のジャーナリストが週刊東洋経済に連載するってありなのか——。

連載を開始した頃、よくそう言われた。
だが、本書はあらゆる意味で、その回答になっていると思う。
壁はいらない。
志を同じくする者が集まり、新しい潮流を生み出していく。
そんな社会を目指して、これからも時代を綴り続けたいと思う。

2024年6月

金田信一郎

【著者】

金田信一郎（かねだ　しんいちろう）

作家・ジャーナリスト。1967年東京都生まれ。日経ビジネス記者・ニューヨーク特派員、日本経済新聞編集委員を経て2019年に独立、会員誌『Voice of Souls』を創刊。企業不祥事、組織活性化などをテーマに、30年以上にわたり経済社会の取材と執筆を続ける一方、講演活動も行う。著書に『ドキュメント　がん治療選択』（ダイヤモンド社）、『つなぐ時計　吉祥寺に生まれたメーカーKnotの軌跡』（新潮社）、『失敗の研究　巨大組織が崩れるとき』（日本経済新聞出版社）、『テレビはなぜ、つまらなくなったのか』（日経BP社）、『真説　バブル』（共著、日経BP社）がある。

見てはいけない！　ヤバい会社烈伝

2024年9月3日発行

著　者——金田信一郎
発行者——田北浩章
発行所——東洋経済新報社
〒103-8345　東京都中央区日本橋本石町1-2-1
電話＝東洋経済コールセンター　03(6386)1040
https://toyokeizai.net/

装　丁………………戸澤　亮
カバー・扉イラスト……北沢夕芸
印　刷………………港北メディアサービス
製　本………………積信堂
編集担当……………佐藤朋保

　ISBN 978-4-492-04773-6